20 世纪中国图书馆学文库·24

中文图书编目法

楼云林 编

圕 國家圖書館出版社

本书据中华书局 1947 年 6 月初版排印

自　序

　　图书馆之图书，苟不编目，则群书失驭，检索无从，故编目实为图书馆最重要之工作。惟是编目工作，繁冗异常，设无一定规则以资准绳，将见后先紊乱，彼此矛盾，劳而无获。鄙人服务于图书馆，恒苦无适当编目法以作准则，因草就《中文图书编目法》一书，以供编目时参考。是编除普通图书编目法外，又加以善本书、方志、舆图、年鉴、定期刊物等编目法，因此等图书，各有其特异之点，未可概括于普通书内，故须另订法则，以求著录之详。

　　编目工作，如书名、著者、出版等之著录，骤视似甚简单，细察则极繁复。吾人如求该书编目之准确，并使查阅者略知该书之内容，端赖编目者能就各项详尽著录，方可以表露无遗，如是始能尽编目之能事。故编目工作，似易而实难，欲求其详尽美备，自非细心将事不可。

　　吾国图书馆事业，方在萌芽时代。服务于图书馆者，往往以编目工作，刻板偏枯，不久即生厌心。但吾人既在图书馆服务，应抱定利用图书促进文化之决心，俾图书馆整个书籍，不致埋没其功用。兹鉴于编目工作之无穷效果，草斯编以与从事于编目者共相勉励，并藉此以就正焉。

楼云林三十五年七月于中华书局图书馆

目　录

1

第一章　总　　论

第一节　目录之沿革

目录二字,起源甚早,《文选》王康琚《反招隐诗》,李善注:引《别录》"刘向《列子目录》曰'至于《力命篇》,一推分命'"又《文选》任昉为《范始兴求立太宰碑表》,李善注:引《七略》"《尚书》有青丝编目录"一语,似目录二字,已见于向、歆以前。然此种目录,或系指书中之篇目而言,非如后世所谓群籍之目录。班固《汉书序传》:"刘向司籍,九流以别,爰著目录,略序洪列,述《艺文》第十。"班氏所说目录,意义虽含混,然后世著录群籍以目录名书者,实昉于此。厥后郑玄注《礼》,虽依此作《三礼》目录,实则《三礼》目录,仅可称为品类或著刊之目,并非纲纪群籍部属甲乙之目录也。

目录二字之起源,既略如上述,兹进而叙述目录之沿革。目录之学,肇自汉代,子政撰《别录》于前,子骏成七略于后;班氏《艺文》,因斯而作,《中经新簿》,继之以成;此后公藏及私家目录所著尤多,兹将其沿革分述如下。

(1)汉代目录　西汉成帝河平时,使谒者陈农求遗书于天下,诏光禄大夫刘向校经传、诸子、诗赋,每一书就,向辄条其篇目,撮其旨意,录而奏之,是曰《别录》。《别录》虽不传,然观其所序《战国策》、《管子》、《晏子》、《孙卿子》等,或述著者身世,或陈书中要

1

旨,实为后世解题提要之滥觞。

刘向卒后,哀帝使其子歆卒父业,歆因总群书而成《七略》。七略即为辑略、六艺略、诸子略、诗赋略、兵书略、术数略、方技略等。关于《七略》之体裁,只有一部分流传于后世,所藉以考见者,即为班固《汉书艺文志》。《七略》与《别录》之旨趣不同:《别录》重在解题,故文繁而事瞻;《七略》但求类例明白,故纲举而目张。父子各守其业,不相沿袭。

最初目录学之专书,流传于现代者,为班固《汉书艺文志》。《汉书艺文志》系根据《七略》而成。章宗源《隋书经籍志考证》谓:"班固因《七略》而志《艺文》。"《汉书艺文志》与《七略》不同之处,即《汉书艺文志》无辑略,其余六略均同。古人云:"不通艺文志,不可以读天下书。"故《汉书艺文志》,实可谓为学术之纲领,著述之门径,自《别录》、《七略》佚亡后,独赖此书以存典型,其在目录学中之价值,可想而知。

(2)魏晋目录　魏承汉业,典籍弥广,多藏秘府中外三阁,因时方多故,无暇细绎,只置秘书令丞。及文帝黄初,置中书令,而秘书改令为监。秘书郎郑默,因考核旧文,删省浮秽。作成《中经》。中书令虞稷见而叹曰:"而今而后,朱紫有别矣。"所谓朱紫有别,即谓《中经》分门别类,能一目瞭然也。惟彼时因戎马倥偬,事业未著。迄乎晋代,踪前规而修文事,秘书监荀勖又根据郑默《中经》而作《新簿》,分群书为四部:一为甲部,纪六艺及小学等书;二为乙部,纪古诸子及近世子家;三为丙部,纪史记旧事皇览簿杂事;四为丁部,纪诗赋图赞及汲冢书。四部合计二万九千九百四十五卷。自荀勖之书既行,刘、班之学骤晦,其变更旧制最显著者,即刘班用七略,荀勖改用四部焉。

惠、怀时京华荡覆,书籍散佚殆尽,江左草创,百不一存,后虽鸠集,淆乱益甚。著作佐郎李充加以删正,因荀勖四部之法,而换其乙丙之书;总没众篇之名,但以甲乙为次。考荀勖之《新簿》,乙部为子,丙部为史;李充之四部书目,则以甲部为五经,乙部为史记,丙部为诸子,丁部为诗赋;其乙丙二部所属之书,适与荀勖相反。后世目录,以经史子集分部者,实本诸李充。故四部之名称,虽始自荀勖,而四部之次序,则定自李充。

(3)六朝目录　李充四部,秘阁定为永制,故宋、齐以后,从事著录者,不得不遵守新制。宋文帝元嘉八年,秘书监谢灵运造《秘阁四部目录》,其后有殷淳《四部书大目》。废帝元徽元年,秘书王俭造《四部书目录》。俭又感四部之法,不足统辖群书,因依刘歆《七略》之体,同时更撰《今书七志》:一为经典志,二为诸子志,三为文翰志,四为军书志,五为阴阳志,六为艺术志,七为图谱志,此外又条列《七略》及《汉书艺文志》、《中经》、《新簿》所阙之书,并方外之经道经佛经各为一录,故名虽为《七志》,实则有九。

齐永明元年,秘书丞王亮、秘书监谢朏,又造《秘阁四部目录》。齐末,受兵燹之灾,秘阁载籍,散佚颇多。萧梁建国,因萧氏父子笃好文学,目录顿盛。其遵循四部者,有天监四年丘宾卿之《四部书目》,天监六年任昉、殷钧之《四部书目录》,及刘遵之《东宫四部目录》。至于刘孝标之《文德殿四部目录》。其术数之书,使祖暅撰其名,更为一部,是又扩充四部为五部。其沿用刘歆《七略》之法而加以改进者,则有梁普通(梁武帝年号)中阮孝绪之新簿《七录》。其目次:一为经典录,二为纪传录,三为子兵录,四为文集录,五为术技录,六为佛法录,七为仙道录。《七录》之分门创义,损益前规,史传从此确定其名称,故其部次影响于后代目录者甚大。

(4)隋唐目录　隋开皇三年,诏访异书,于是遗篇复出,经籍渐备。其编次目录,有开皇四年牛弘之《四部目录》,开皇三十年王邵之《四部书目》,以及炀帝大业《正御书目》等。其部属统以四部为依归,独许善心之《七林》,系仿阮孝绪《七录》制成,各有总叙,冠于篇首,又于部录之下,明作者之意,而区分其类例。是许氏能于总论叙论之中,寓辨章学术之旨,实为隋代目录中之最著者。

唐长孙无忌等所撰之《隋书经籍志》,远览马史班书,近观王阮志录,约文绪义,凡五十五篇,共分四部:首首为经,次为史,然后继之以子,终之以集。类例整齐,条理备具。每一部类后,各有后论总论,实可为考流别究学术者之助。其综核损益之功,不可谓不钜。其后刘昫所撰之《旧唐书经籍志》,即大抵规抚《隋志》。

开元九年,殷践猷等成《群书四部录》,共得书八万二千三百八十四卷,著录之数,远迈前代。后来毋煚又节略《群书四部录》编为《古今书录》。安史之乱,旧籍散亡,文宗时诏秘阁搜访遗文,日令添写,因是有开成书目之作。

(5)宋元目录 宋仁宗时,诏翰林学士王尧臣、史馆检讨王洙、馆阁校勘欧阳修,就昭文馆、史馆、集贤馆以及崇文院秘阁所藏旧籍,校正条目,讨论撰次,仿唐开元四部录,详加著录,编成《崇文总目》六十四卷。所收书凡三万零六百九十九卷,实为宋代目录之巨擘。此外欧阳修又撰《唐书艺文志》四卷。靖康之难,馆阁储籍,荡然无遗。南渡后,高宗访求遗阙,优赏献书,于是馆阁所藏日富,因有秘书省《四库阙书目》之辑。此后孝宗时,有陈骙等所撰之《中兴馆阁书目》;宁宗时,有张攀等所撰之《中兴馆阁续书目》等。

宋代藏书家甚多,故私家目录之多,远过前代,就中最有典则而流传于现代者,有昭德晁氏直斋陈氏二家之著录。晁公武继承家学,藏书宏富,躬自校雠,疏其大略,撰成《郡斋读书志》二十卷。书成于绍兴二十一年,分为四部,各冠总论,书名后对于作者始末、书中要旨、学派渊源、篇章次第等,俱有叙及。其自序谓:"日夕躬以朱黄雠校舛误,终篇辄撮其大旨论之。"其造诣之深,于此可见。其书在宋时有两本:一为袁州本,一为衢州本。

陈振孙所撰之《直斋书录解题》,与晁志并称于世。其体例虽仿晁志,但不标四部名称,将历代典籍分为五十三类,其先后次序,仍本四部。自来古书之不传于今者，得藉是以求其崖略，其传于今者，得藉是以辨其真伪，核其异同，故此书实为考证家所推重。每书卷帙多寡、作者名氏，均有叙及，更从而品题其得失，故称为解题。

元初以武功著，对于文事，无暇修治。太宗八年，始用耶律楚材言，立经籍所于平阳，编集经史。至正中，儒臣撰秘书监志，仅纪先后送库若干部、若干册，并不详列书名。明初修《元史》，又无艺文一项，是以元代秘阁所藏，实已无从查考。至清钱大昕始取当时撰述，录其部目，以补前史之阙，并附以辽、金作者。

（6）明清目录　明自一统后，访求遗书，不遗余力。至宣宗时，文渊阁所贮书籍约二万余部，近百万卷。杨士奇等就文渊阁所贮书籍，编成书目，即为现存之《文渊阁书目》。其书以千字文排次，自天字至往字，共有二十号，五十橱。但此书目并未加以考订，撰次未免草率。

明代藏书家之多，为前代所未有，各私家书目中，著录之富，体例之严，首推黄虞稷之《千顷堂书目》。就有明一代之书，详加著录，为三十二卷，共分为四部五十类。每类后复附以宋、金、元人之书籍，以补《宋史》之遗漏与《元史艺文志》之阙修。至于其他私家书目，不下五十余种，惟因阅时既久，颇多散亡。

《四库全书总目》，为清纪昀等奉敕编，以经史子集为纲。经部分十类，史部分十五类，子部分十四类，集部分五类。每部首各有总叙，述其源流正变。每类首各有小序，述其分并改隶。所录各书，均以时代分先后，同属一代之书，以著者登第之年或生卒年代分先后，序次秩然。每书均有提要，先详著者姓氏，次爵里，以期论世知人；次辨别本书得失，考订众说异同，使阅者略知各书源委，一目了然。此外纪昀等又奉敕编《四库全书简明目录》，系照总目提要，删繁举要，尤便阅者。

《书目答问》，为清张之洞撰，刊于光绪元年，于经史子集四部外,又另立丛书一门,实为此书目之特点。其对于选录,极为严谨,凡无用者,空疏者,偏僻者,殽杂者,不录;古书为今书所包括者不录;注释浅陋者,妄人删改者,不录;古人书已无传本,今人书尚未刊行者,不录。旧椠旧钞偶一有之,无从购求者,不录。故此书目,实为学者选求之准则。而非所以纲纪群籍也。

(6)现代目录　自西洋文化输入我国后,我国之学术因以变迁,著译书籍,日益繁夥,分类既不能沿用经史子集四部旧法以统驭群书,编目方法及格式,亦不能与前代苟同。就分类方面说,如杜定友、王云五、刘国钧、皮高品诸先生,一面采仿西洋分类方法,一面参考吾国固有目录学,新订分类法,以供图书馆采用。就编目言,目录形式,已由书本改为卡片;目录种类,已由单纯进为复杂,是因现代图书馆之性质,与藏书楼不同,故其分类编目方法,亦与前有别矣。

卡片目录,在十八世纪时,法国各图书馆,虽间有采用者,然社会上不甚注意,故无甚进步。迄乎十九世纪,各国图书馆以及各书店,均以卡片为便利,纷纷采用,于是卡片目录,盛行于世。美国国会图书馆,更进一步将审定版权之书籍,以及馆藏之书籍,均印成卡片目录,发售于国内及加拿大等处图书馆以供参考,故美国国会图书馆,殆成为美国及各国图书馆编目之中心机关。近来我国国立北平图书馆,亦编制卡片目录,印刷多份,发售于各处图书馆,实有裨于编目者之参考。

第二节　目录之定义

目录之效用,古今微有不同,故目录定义,须斟酌古今目录变迁之状况而厘订之。古昔目录,其界义最显著者,有以下二种:

(1)目录一面部次类居,不致凌乱失纪;一面能探求一书要旨,昭示后人,故古代书籍虽多散佚,然后人考阅目录,可知其学属何家,书隶何类。且古今学术之隆替,作者之得失,亦不难于目录中推寻而得,其用在辨章学术考镜源流。

(2)古代书籍不多,无所谓目录,后代书籍日繁,名目复杂,学者为便于寻检计,就书之性质或体制,依次汇集成编,此即群书之目录,如刘歆《七略》是。后代目录,均以此为宗,更进而商榷体例,改进部次,此即为吾国旧有之目录学,其用在纲纪群籍簿属甲乙。

就以上二种界义而论,其与现代目录之定义较切近者,当属后者。但历来治目录学者之所在,辄在辨章学术考镜源流。章学诚《校雠通义》云:"古人著录,不徒为甲乙簿次计,如徒为甲乙簿次计,则一掌故令吏足矣,何用父子世业阅世二纪仅乃卒业乎?"又云:"校雠之义,盖自刘向父子部次条别,将以辨章学术考镜源流,非深明于道术之精微,群言之得失者不足以语于此。后世簿次甲乙、纪录经史者,代有其人,而能阐明大义、条别异同,使人由委以溯源。以想见坟籍之初者,千百之中,百不一焉。"此即主张目录应以辨章学术考镜源流为宗旨之最显著言论;换言之,即以学术为对象,而非以书籍为对象;此实编学术史者应行研究之目录。至于现在图书馆中之目录,当以书籍为对象者,故必须将书籍部次类居,以便检考焉。

求目录便于检查,不仅部次类居而已,且有许多事项宜注意。吾人在图书馆审察平日一般阅者,可以推知种种查书之方法与目的:有只知书名而查者;有只知著者或注释翻译而查者;有欲查出某著者所有之作品;有欲查出某类之书籍或与某项问题有关之书籍;有欲知某书在书库内何处;有欲知某书之大概内容;有欲知某丛书中有某几种书;有欲知某书之叶数、册数、出版处、出版期等。因此图书馆目录,可就查书人之种种查法,订就以下之定义:(1)目录在使人知馆中有某书否? (2)有某人所著之书否? (3)有某类或有关于某问题之书否？（4）某书在书库内何处？（5）某书之内容如何？（6）某丛书中有某几种书？（7）某书叶数册数多少？何处及何时出版？

总之，目录不啻图书馆之锁钥，所以开示阅者寻求书籍之途径。图书馆书籍既繁复异常，设无目录，势必逐一翻检，其不便为何如；若编有目录，自能一索而得。

第三节　目录之功用

目录之功用可分为图书馆与阅者二方面：

甲、关于图书馆之功用。

（1）供采购时之查考　图书馆如欲配购某某书籍，第一须先查馆内某某书籍之有无，欲查书籍之有无，非赖目录不可。如无，当斟酌配购；如有，尚须再查某书之版本同否，因同属一书，有修订本，有增补本等分别；如为译本，又须查译者同否，出版处同否，因翻译之书，书名虽同，往往有译者不同，出版不同等分别，如有以上各种不同情形，即须另行配购。又如欲配购某类或某问题之书籍，亦须先查目录中对于某类或某问题书籍之数量如何，然后再酌定配购之多寡。

（2）供典藏时之参考　书籍上架，设无排架目录，则成千累万之书籍，从何本排起，从何处排起，皆茫无把握。如排列漫无次序，将来欲查取某书，必甚困难。故排架次序，必依书架目录而定，欲阅何书，即可按书架目录次序查得。

（3）便利馆员之指导　借阅书籍者，往往有不谙目录排列法及目录种类等，欲查某书，竟无法查得，此时馆员可告以馆中备有某几种目录，如何排列，如何检查，使阅者自动检查，可减少馆员之麻烦。

乙、关于阅者之功用。

（1）易于查索　阅者进图书馆，如不查目录，则馆中虽属琳琅满目，亦不知如何选阅，欲阅何书，亦无法取得。有目录即可按图索骥，就己所需要者，检得书籍。

（2）便于搜集参考资料　阅者如欲研究某问题，须向图书馆中检寻关于某类或某问题之材料以作参考时，是宜先查某类或某问题目录，然后可明了馆中有某类或某问题之某某等书籍足资参考之用。

（3）指示途径　研究某问题之阅者，虽有某类某问题之目录，然书籍浩瀚，或仍不免有无从入手之苦，则有标题分析等目录，自可指示阅者以研究之途径，使阅者知所先后，辨其缓急焉。

第四节　目录在图书馆中之地位

图书馆事务，如征集、分类、编目、典藏、出纳等，无一不属重要，就中尤以编目为最繁复。倘尽量购买书籍，不编成目录，则此多量书籍，即无法应用。因不编目，不易供人借阅，对于图书馆之主要目的即无从达到。故图书馆新购之书籍，必须赶速编目，使书籍即可流通阅览，是可知目录实居图书馆中最重要之地位。

编目手续，较其他馆中任何事务为不易，每种书有种种不同之卡片；每种卡片，有种种不同之款目，有时尚须辨别著者之真伪，考证某书编著之年代，考查某书卷数之完缺，以及鉴别其他各种事项等，故编目决非普通人所能胜任，必须悉心研究，学有根柢者始可担任，是可知编制目录，实为图书馆中最繁难之工作。

图书馆往往有因忽视编目之重要，而将购得书籍暂为搁置者，不知搁置一久，新书沓来，而编目之事遂愈繁重；愈繁重遂愈不易编排，而失其图书之效用。于时有人借阅，便只得凭一二任职较久书名较熟之职员去检查,须知馆员脑筋,安能记忆成千累万之书名? 安能明了多数书籍放置之所在? 即使有一二馆员勉强可以记忆,万一人事有变迁,将欲检索而无从。倘能早编有目录,即可免去此等弊病。故目录之在图书馆,实不啻为一永久固定之管理员。

现代图书馆,非以前藏书楼所可比拟。图书馆系教育之一部分,即属于社会教育者。系以科学方法搜集有益图书,并顾及大众知识之需求,以最经济时间,供大众自由使用。所谓经济时间供大从使用,非赖目录不为功,故目录实为图书馆完成社会教育之利器。

图书馆之书籍,一一编目后,即可从目录中推知该图书馆藏书之多寡。所藏书籍以何类为多何类为少,有何种重要书籍。故参观某图书馆,与其进书库观览,不如向目录柜查阅目录,因目录可使吾人速知该馆书籍质量;若仅观览书库内图书,事实上不能即得深刻印象,故目录不啻为图书馆所有书籍之代表。

总之,目录在图书馆中,无论对内对外,均居最重要之地位。图书馆如无目录,犹如吾人盲目,不能见物,其不便为何如。故现代图书馆,均须有适当之目录,始能对付一切,否则不得称为完备之图书馆。

第五节　目录与各科学之关系

图书馆中图书,系包罗各种学术聚集于一处者,目录即为启示各种学术之指针。有目录而不完整,将使阅者不能一索即得。故编目责任,极为重大。编目员须充分具备各种学识,方可将事。换言之,凡属图书馆或非图书馆之种种学术,编目员均须了解,以求目录编制之妥善,不致使阅者捉摸不到,此实为编目必要之条件。

与目录有关之各种学术,可分为直接有关与间接有关两项:直接有关者,为图书馆学、分类法、编目法、检字法、校雠学、书史学、书志学、书目学等,此为编目者必须具备之基本知识。间接有关系者,为论理学、教育学、考证学、历史学等,此为编目者辅助之知识。兹分别说明如下。

甲　直接有关之学术

(1)图书馆学　目录为图书馆学中一部分,研究目录者,必须先了解图书馆学,因目录与其他图书馆之种种知识,均有联带关系,如不了解图书馆学,则编目必不能妥当。例如某种图书馆之性质与普通不同,则所编目录之种类,亦因而稍异。又如某图书馆之读者,多为研究专门学问之人,则所编之目录,当侧重于某种专门学问,以便阅者之检查。此均与整个图书馆学有关,故欲研究目录,先须研究图书馆学。

(2)分类法　分类与编目,手续上虽分为二部分,但此二者互有关系,因书籍既分类而不编目,则无以达效用之目的;不分类而编目,则编目之事将无从着手。故二者形式上虽截然不同,实际上则互成连系也。故编目者对于分类法,亦须有相当研究,俾目录可得相辅而成之效果。

(3)编目法　编目法为研究目录者唯一之法则,不谙编目法,其所编目录,必致凌乱无次,前后乖违,易使阅者怀疑。故未研究编目法者,必不能编成完整之目录,必不能依一定之准则而编目。是以编目者,须对编目法悉心研究,然后斟酌馆内书籍之性质与多寡,厘订编目规则以作准绳。

(4)检字法　目录卡片编制后,须将卡片排列以供检查,此为目录之最后工作,亦即组合目录之必要工作。如不排列,则目录不能供人应用,与未编何异。惟排列目录,亦非易事,必须对各种检字法,有相当认识,然后选用其中较完善之检字法,将卡片按法排列,使阅者易于检查。故检字法对于目录,亦有密切之关系。

(5)校雠学　《太平御览》第六百十八卷,引刘向《别录》:"雠

11

校者一人读书,校其上下,得误谬为校,一人持本,一人读书,若怨家相对,故曰雠。"此为观释校雠二字之意义。但校雠之含义甚广,除校对文字异同外,尚须辨别真伪,考订谬误,厘次部类。以求全书之改正。范希曾云:"……故细辨夫一字之微,广极夫古今外内载籍之浩瀚,其事以校勘始,以分类终,明其体用,得其鳃理,斯称校雠学。"此即指广义之校雠学而言。编目者所须研究,即为范氏所云广义之校雠学,举凡对于著者真伪,版本如何,叙录如何等,均须加以审辨说明,使目录准确无误。

(6)书史学　书史,系研究学术之发展,讨论著者之思想,如刘向《七略》、班固《艺文志》、《隋书经籍志》等,均得称书史。福开森(J. Ferguson)云:"书史系讨论关于历来某问题之著作,推究著者所发表之意见,而并不讨论其所赖以表见之书籍。"是可知书史重在辨章学术考镜源流,并不以书籍为对象。现代目录,虽不偏于以学术为对象,然编目者,对此种学问,亦须谙通门径,以利编目。因吾国史学家之目录,其影响于学术思想之变迁甚大。在目录学上,向占重要位置,故不可不加以研究。书史长处,是在"剖析源流,推寻往迹,"不仅在记载书名而已。

(7)书志学　书志,系泛录书籍之目录,记载图书之历史,或表示图书之内容,但其记载并不限于一家或一处之藏书,如《阅藏知津》,得称为书志。福开森云:"书志对于世间所有之某种书籍,不论其藏于何处,均记述之;除书籍本身特点外,并记其内容。"是更可明了书志之要旨矣。书志极有裨于编目之参考,如编目时欲考查某书内容如何,可先就各种不同之书志中查阅,俾对某书之著录,得以准确翔实。

(8)书目学　书目,系记录某处所藏之书籍,不论详细简单,均可谓为书目。如范懋柱之《天一阁书目》,徐乾学之《传是楼书目》,孙星衍之《孙氏祠堂书目》,缪荃孙之《艺风堂藏书记》等,均得称书目。福开森云:"书目者,列举一实地图书馆所有藏书之内容,并不计及藏书之多寡。"故对于各藏书家及各图书馆之藏书目录,编目者须明了其大概,既可资借镜,又可藉知各地图书之分布状况焉。

乙　间接有关之学术

(1)论理学　论理学之效用,是在使吾人之脑筋有组织,有条理,并养成分析之能力。换言之,即为训练吾人处理事务,使其有明晰之系统,不致茫无头绪。编目系极繁琐之事,苟不运用论理学之方法处理之,必致左右扞格,前后矛盾。故吾人务须有精密而且有系统之头脑,始可应付编目工作,吾人欲具备此头脑,非研究论理学不为功。

(2)教育学　图书馆为社会教育之一种,吾人欲使图书馆裨益于社会教育,其原动力即为目录。但目录仅能告知阅者某书在何类,某类有何等书籍,某著者有某几种书籍等,此外吾人欲更进一步明白指示阅者,研究某种学问应借阅某几种书,应借阅某著者之书,某种书较某种书为有价值;如能照此启迪阅者,即为合于教育学之目录,非仅为目录学之目录矣。故教育学与目录学,亦有相当关系。

(3)考证学　研究目录学者,更须研究考证学,因编目上有几点,非加以考证不可。如古书之著者,往往有不愿用己之真姓名发表,而假托古人或用笔名者,更有不著撰人姓氏者,诸如此类之书籍,欲断其为何时代,或究系何人所作,非加以考证不可,否则时代颠倒,真伪莫辨,编目上即多错误矣。

(4)历史学　历史学对于编目者亦有关系,最显明者,如某书籍为何代之作品,某著者为何时人,又如某种学术在某一时期内最为流行,某一时期刊行某一类书籍特多,此均为治目录学者所当深究也。故历史学对于目录学极有关系,就中尤以文化史如印刷术等,与目录学之关系尤切。

第六节　目录之形式

目录之形式有二：一为书本式目录，一为卡片式目录。书本式目录，系依图书之分类，将书名、著者、出版处等项，抄录或印订成书。卡片式目录，系将书名、著者、出版处等项，依一定之格式，写在卡片上，并照某种排列法，将写好之卡片，排列在匣内，以备检查。书本式目录，向为我国历来编目者所采用，至今尚有沿用者；卡片式目录，系新兴之目录，多为现今图书馆所采用。惟是二种目录，互有利弊，兹为比较如下：

书本式目录

（甲）书本式之优点

（1）书本式目录，既系抄录或印刷成书，可以邮寄远地，远地人阅此目录，可藉以查借。故此种目录，对于图书馆书籍之流通，实较便利。

（2）查阅书本式目录，一目数行，短时间即可查出某类书籍多种，较卡片目录之逐张翻阅为便利。

（3）书本式目录，各图书馆可彼此交换，藉作分类参考或购书之用。

（乙）书本式之缺点

（1）查阅书籍者大都爱新出版之书籍，书本式目录，自脱稿以至于印成，须经数月或数年，目录中所列书籍，不免使阅者感到陈旧。

（2）如有新书增入，或将旧书取消，必须将目录重新编印，在规模较小经济不充之图书馆，决不易时常编印，故书本式目录，如经数年不重编，即与馆藏书籍不符。

（3）每本目录，只能供一人检查。如某图书馆之抄本目录，只有一份者,遇有多人查借,势须挨次轮查,时间极不经济。

(4)印成之书本式目录,如有错误,须俟再版方可改正。如目录不再版,即无法改正。

(5)印刷费浩大,手续繁多。

(6)书本式目录,均依分类排列,如欲检查某著者之书籍,势所不能。

卡片式目录

(甲)卡片式目录之优点

(1)卡片式目录,极为灵便,如有新书添入,即可随时编制目录片,随时排入。

(2)每张卡片,系独立,不相联属。如须增添删改,抽插掉换,尽可随意变动,不致牵动全部。

(3)卡片式目录分排于许多卡匣中,可供多数人检查,且有各种指引卡,极便查索。

(4)卡片式目录,种类甚多,阅者可就忆及各项检索,或依书名,或依著者,或依某类,查检范围既广,书籍自易查得。

(5)编制或翻检,费用较省,时间较经济,如有污损,所掉换者不过数张,与全套卡片无关。

(乙)卡片式之缺点

(1)不能携出馆外,以供远地人检用。

(2)不能与他处图书馆交换。

(3)每张卡片,只注明一书,检查时须逐张翻阅,不能同时涉阅数张。

观察以上二种目录,卡片式目录优点多而缺点少,书本式目录则反是,足知卡片式目录,实较书本式目录为便利,故现在一般图书馆,多采用焉。

第七节　目录之种类

目录种类,可就书本式及卡片式分别叙述:书本式目录之种类,较卡片式为复杂,吾国历来目录,多属于书本式,其较著者,有下列各种:(1)史志目录(2)解题目录,(3)善本目录,(4)考订目录,(5)禁书目录,(6)汇刻目录,(7)方志目录,(8)地方著述目录,(9)私家藏书目录,(10)图书馆目录,(11)特种目录,(12)专门学术目录,(13)阅读目录,(14)书目之目录,(15)书肆贩卖目录,(16)各书局出版目录,(17)全国总目录。兹分述如下:

(1)史志目录　各史中之艺文经籍诸志,即为史家之目录。《隋书经籍志》序:"……古者史官既司典籍,盖有目录以为纪纲,征之古周官五史皆掌书,而外史且达书名于四方,既有书名,则必有目录以载之。……"是可知史志目录之要旨矣。史志目录中较著者,如班固之《汉书艺文志》,姚振宗之《三国艺文志》,长孙无忌等之《隋书经籍志》,刘昫之《旧唐书经籍志》,欧阳修之《新唐书艺文志》,顾櫰三之《补五代史艺文志》,钱大昕之《补元史艺文志》,张廷玉等之《明史艺文志》,朱师辙等之《清史艺文志》等。

(2)解题目录　此项目录,部类之后有小序,书名之下有解题,《直斋书录解题》提要谓"其例以历代典籍分为五十三类,各详其卷帙多少,撰人名氏,而品题其得失,故曰解题。"故解题目录之要旨,在论其旨归,辨其讹误,并述作者之意旨,实为目录中最有关于学术之一种。自来较著之解题目录,为晁公武《郡斋读书志》,陈振孙《直斋书录解题》,马端临《文献通考经籍考》,纪昀之《四库全书总目提要》,阮元之《四库未收书目提要》等。

(3)善本目录　善本目录,亦可称鉴赏家目录,其所录均系珍本,何者为宋版,何者为元刻,何者为明、清精椠,分别行款,记刻书之年月，考前贤之图记，最著者如于宗敏等之《钦定天禄琳琅书目》，鲍廷博之《传是楼宋元版书目》，范懋柱之《天一阁书目》，汪士钟之《艺芸精舍宋元本书目》，江标之《铁琴铜剑楼宋元本书目》，及《持静斋宋元钞本书目》，莫友芝之《宋元旧本书经眼录》，潘祖荫之《滂熹斋宋元本书目》，丁丙之《善本书室藏书志》，陆心源之《皕宋楼书目》，杨保彝之《海源阁宋元秘本书目》等。至于现代图书馆亦有将善本书籍另编目录者，如赵万里之《国立北平图书馆善本书目》，陆祖谷之《浙江省立图书馆善本书目题识》，胡宗武之《江苏第一图书馆覆校善本书目》等。

（4）考订目录　考订目录，就某书详加考订，是否伪作或真著？何时所著？中间有无他人增删情节？均由编目者一一加以研述，就书论书，不附主观。最著者如钱曾之《读书敏求记》，朱彝尊之《经义考》，谢启昆之《小学考》，姚际恒之《古今伪书考》，叶昌炽之《藏书纪事诗》，日本岛田翰之《古文旧书考》等。

（5）禁书目录　此项书籍，大都以其言论与某一时代之政纲多有抵触，故被禁毁，试以封建时代而论，或因其人不肯归顺，禁止其书籍之刊行，或书籍中文字之有触犯者，均在禁毁之列，如清代之《禁书总目》、《违碍书目》、《销毁抽毁书目》等。

（6）汇刻目录　汇刻目录，系将各种丛书汇刻之目录，列在一起，以便检查。其内容简括明瞭，不以性质分，仅以书之总名分。又有将各种丛书中之子目混合排列，以便检查者。汇刻目录之较著者，如李之鼎之《增订丛书举要》，顾修之《汇刻书目》，朱记荣之《目睹书录》，周毓邠之《汇刻书目二编》，罗振玉之《续汇刻书目》及《续汇刻书目闰集》，日本松泽老泉之《汇刻书目外集》，杨守敬之《增订丛书举要》，沈乾一之《丛书书目汇编》，施廷镛之《丛书子目书名索引》等。

（7）方志目录　方志目录，系将各省通志、府志、州态、县志、厅志、镇志、里志等汇集而成，按省分类，各系以志，同属一志，又按修辑年代分先后。惟此种目录,多就各图书馆所藏者编辑成目,其综合者实居少数,最著者如袁同礼之《国立北平图书馆方志目录》,万国鼎之《金陵大学图书馆方志目录》,《国立武汉大学图书馆》之《国立大学图书馆方志录》,朱士嘉之《中国地方志备征目》及《地方志综录》,瞿兑之之《方志考稿》等。

(8)地方著述目录　一地方必有一地方之文献,是项文献之目录,大都散见于各地方志中,因地方志之艺文略,即为述该地方之著作。地方著述目录,不仅限于本地人之著作,凡外地人流寓于本地,或外地人所著关于本地之事,或外地人所著书由本地人笺注或译述者,均可视为地方著述。此项目录之专撰别行,殆滥觞于明代,迄乎清代,更见盛行。其志一省者,如明代祁承爜之《两浙著作考》,清代潘任之《江苏艺文志》,杭世骏之《两浙经籍志》,邓显鹤之《安徽艺文志》,邢树之《关中经籍志》,汪士铎之《全秦艺文志》,魏应麒之《福建著述考》,近时陈衍之《福建艺文志》,徐世昌之《畿辅书徵》等。其志一府一州者,如明代李绍文之《云间著述考》,李竣之《甬上著作考》,清代卢文弨之《常郡八邑艺文志》,宋景穌之《淮安艺文志》,吴庆坻之《台州经籍志》。其志一县者,如明代皇甫汸之《长洲艺文志》,清代卢文弨之《毘陵经籍志》,邱钟仁之《崑山艺文志》,周永年之《吴江艺文志》,管一德之《常熟艺文志》,姚福均之《海虞艺文志》,金武祥之《江阴艺文志》,钱东垣之《吴兴著述类聚》,吴骞之《海宁艺文志备考》,管廷芬之《海昌经籍志》,谢肇淛之《晋安艺文志》,李权之《钟祥艺文考》,廖平之《井研艺文志》等。

(9)私家藏书目录　私家将收藏之书,编辑成目者,谓之私家藏书目录。其编目大都依经史子集分类,类例分明,一目瞭然,如尤袤之《遂初堂书目》,钱谦益之《绛云楼书目》,钱曾之《述古堂书目》,季振宜之《季沧苇书目》,范懋柱之《天一阁书目》,徐乾学之《传是楼书目》,孙星衍之《孙氏祠堂书目》,丁日昌之《持静斋书目》,郁松年之《宜稼堂书目》,陈树构之《带经堂书目》等。

（10）图书馆书目　近代图书馆,多已采用卡片目录,然为普遍流传,使远处亦得窥悉某馆有多少书籍,有某种书籍,因而有书本目录之印行。其排列法,或依分类次序,或用各种检字法依书名排列。此项目录,如《国立中央大学图书馆图书目录》,《国立中山大学图书馆中日文图书目录》,《国立清华大学图书馆新编中文书目》,《山东图书馆书目》,《浙江公立图书馆保存类目录》及《通常类目录》,《河南图书馆书目》,《陕西图书馆书目》,《云南图书馆书目》等。

（11）特种目录　此项目录并非为一般人阅览而编,系适应某种之需要而编者,如《儿童图书目录》,《妇女图书目录》,《民众用书举要》等。

（12）专门学术目录　书籍种类繁夥,研究专门学问者,仅就其需要研究之一类查阅,即为满足,因此有各类专门学术之目录。如金陵大学图书馆《中文地理书目》,丁山之《中国语言文字学参考书要目》,毛雝之《中国农书目录汇编》,吕绍虞之《中国教育书目汇编》,于震寰之《中国体育图书汇目》等。

（13）阅读目录　此项目录,其目的在启示学者选读书籍之门径,所选各书,均为精粹必读之本,其裨益于学者甚大。如张之洞之《书目答问》,吴虞之《中国文学选读书目》,梁启超之《国学入门书要目及其读法》,《要籍解题及其读法》,胡适之《一个最低的国学书目》,李笠之《三订国学用书撰要》,汪国垣之《读书举要》,支伟成之《国学用书类述》等。

（14）书目之目录　专载各种书目,以供研究目录学者之阅读,如刘纪泽之《书目举要补正》与《书目考》。陈钟凡之《书目举要补》,汪国垣之《书目考》,王扬滨之《符录通考》,袁同礼之《书目总目》,邵瑞彭阁树善等之《书目长编》及《补遗》,容肇祖之《书目志》等。

（15）贩卖目录　此项目录,为书坊专营贩卖书籍编成,以备购者选阅。此项贩卖目录,又可分为古书贩卖目录与新书贩卖目录二种;属于第一种者,如北平之《直隶书局目录》,《文艺阁目录》,《来薰阁目录》;上海之《来青阁书庄目录》,《中国书店目录》,《蟫隐庐书庄目录》等。属于第二种者,如作者书社之《新书目录》。

（16）出版目录　各书局将所有出版之书籍,用分类法编成目录,以备购者选阅,谓之出版目录。最著者如中华书局《图书目录》,商务印书馆《图书汇报》等。

（17）全国总目录　将全国各大书局所出版之书籍综合一起,编成目录,谓之全国总目录。如杨家骆之《图书年鉴》,开明书店之《开明全国出版物总录》,生活书店之《全国总书目》等。

卡片式目录之种类,其较重要者,有下列数种:(1)书名目录,(2)著者目录,(3)标题目录,(4)分析目录,(5)丛书目录,(6)参考目录,(7)书架目录,(8)分类目录。兹分别简叙如下:

（1）书名目录　以书名列入第一条顶线,即以书名为主要标题。

（2）著者目录　以著者姓名列入第一条顶线。即以著者为主要标题。

（3）标题目录　以类名列入第一条顶线,即以类名为主要标题。

（4）分析目录　以关于应行分析项目列入第一条顶线,即以分析项目为主要标题。

（5）丛书目录　以关于丛书应标项目列入第一条顶线,即以丛书各项为主要标题。

（6）参考目录　可分互见及参见二种;互见目录,以异名为主要标题;参见目录,以参考事项为主要标题。

（7）书架目录　系代表书籍在书架上之位置。

（8）分类目录　依分类法次序排列,即以分类为主体之目录。

第二章　图书分类略述

第一节　分类与编目之区别

分类与编目,本截然两事,不相混同,编目仅就书之本身加以编识,如书名为某,著者为某,何时出版,何处出版,全书若干卷若干册,能繁而不杂,详而不琐可矣。至于分类,则将所有书籍加以类别,如某书为教育或为哲学,如为教育,则为何种之教育,社会教育乎? 学校教育乎? 如为哲学,则为何种之哲学,唯心论乎? 唯物论乎? 剥茧抽丝,层次井然,荀子云:"推而共之,共则有共,至于无共,然后止。"又云:"推而别之,别则有别,至于无别,然后止。"是言不啻为现今分类下一定义,故图书之分类,类名务求精确,见分类号码即知某书为如何之书,分类与编目之区别,即在此。

吾国历来目录学家,每将分类编目混为一谈,将各种学术不同之书籍,部居类次,编成目录,写一分类之流水帐,即以为尽编目之能事,主考证者专致辨于字句之异同,讲版本者专靡神于行款版式,虽各无作用,然非所语于现代图书馆之功能。图书馆之分类以书之内容为主,编目以书之实质为归,二者性质截然不同,安可泾渭不辨耶?

虽然,分类与编目,有密切之关系,连锁之作用,编目必先分类,分类必须编目,二者相互为用,缺一不可。分类不编目,目录无由成;编目不分类,纲纪无以立。故现代图书馆之书籍,莫不先分类而后编目。往昔公私藏书,重在保存,编一分类目录即可,故分类编目,未有显然之分别。今日图书馆之书籍,重在运用,目录不能限分类一种,有书名目录,有著者目录,有书架目录,有标题目录,有丛书目录,有分析目录,有参照目录,甚为复杂,因此分类与编目划分为二,殆因时代趋势不同,目录亦因之而异,分类即编目之一语,已不能适用于现代之图书馆矣。惟以分类与编目在程序上不容分离颠乱,故附述分类于是编,以供编目之参考。

第二节　分类之意义

世上无论为事物,抑为学术,莫不千头万绪,微茫复杂,苟不为之爬梳厘别,则处理研究,两感困难。《说文序》云:"方以类聚,物以群分,同条牵属,共理相贯,杂而不越,据形系联,引而申之,以究万原。"西方学者赫胥黎云:"吾人之所以将事物分类者,所以集同类,别异族,以求事物于形质上有区别,而便于辨识与记忆也"。观此则事物之处理,必赖乎分类明矣。又郑樵云:"学之不专者,为书之不明也,书之不明也,为类例之不分也,类例既分,则百家九流,各有条例,虽亡而不能亡。"又云:"类例既分,学术自明,以其先后本末俱在。"观此则知学术之探讨,亦必赖乎分类明矣。处理事物,探研学术,既赖分类,则浩如烟海之图籍,可不藉分类以便检索而利应用乎?

分类者在乎辨别同异,综名核实,由委溯源,以认识其全体也。荀子云:"同其所同,异其所异。"墨子云:"彼,彼止于彼;此,此止于此。"是即为别同异核名实之奥旨,亦即分类最简明之意义也。故图书分类之意义,在乎审定图书之质素,为之分别部署,使同类之书,共聚一处,异类之书,按类安置,序次井然,绝不致令人摸索无从也。

第三节　分类之标准

图书之分类,有以科学为标准者;有以版目为标准者;有以大小、装订为标准者。夫依版目,大小、装订以分类者,此为往昔图书馆只图保藏之便利,仅求形式上之整齐划一,对于实用,则并未注意及之。至于现代之图书馆,其图书贵乎致用,保藏在其次,莫不以科学为标准。

故图书之分类,非独类别其形式,以为陈列之次序而已,必将各书之性质相同者,类聚一处,以便利阅者之查索。例如治地理学者,必须将所有地理学之书,归并于一处,以供采用;其有进而专治自然地理者,则更须将自然地理之书聚集一处,以便参考。是则科学之分类,其实用固甚大也。

以科学为标准之分类法,又可分为论理的与人为的二种:论理的以科学之本身为单位,人为的以实用为依归。图书分类,若尽以科学之系统为次序,势不可能,盖对于实际用途,容或有未便之处,因自来学术演进,往往因时代而不同,如心理学本哲学之附庸,而今则有成为独立科学之趋势;神学为欧西大学四科之一,神圣不可侵犯,而今则日趋萎缩,行见其附于哲学矣。经部为吾国历代之金科玉律,而今以打破别入各类闻矣,时代之演进,学科亦随以变化,故图书之分类,贵在变通以应实用,若即以既定之论理的科学分类为图书之分类,势必漫无归宿,不切实际,可断言也。

第四节 分类之原则

图书既甚繁复，其内容性质，多不一律，故于分类时，应规定原则以资遵守，否则使分类者依违两可，无所适从，将使类例殽乱，茫无定则矣。兹略述其最重要者数项如下：

（1）分类原则之最要者，在乎明义辨体。义者学术之系统；体者著述之体裁。分类图书，首应辨别学术之分野，而后归类于同一系统之下。盖书籍之要旨，或有甚显明，一见即知其属于何类；或有甚奥晦，仅观其书名，不足以探知其类例，是则不得不审视其内容以明之。

（2）如一书论及两类，或同类中两部分而有轻重多寡之分者，则按重而多者分。如无轻重多寡之分者，则按在前者分。如有因彼而影响此者，则按被影响者分。

（3）如一书论及三类或同类中之三部分以上者，应分入能总涵全部之类目下。

（4）图书之内容，每因地而异，而可以国别之者，则依地理而分类。地理分类，贵有次序，或依其幅员之大小，或依其国际间之地位，或照自然之区域，排成一定之次序，作分类之准绳。

（5）历史书籍，多以年代为别，故须定一年代之次序，以清眉目，而便记忆。我国书籍，则以朝代为年代，仍其旧也。

（6）凡关于语言学或文学之书籍，因各国之文字不同，方言不一，可依各国文字之次序而分类。盖书籍若专依科学归类，而不以各国之文字分别者，将使研究方言学者无所适从。

（7）每一门类，必有一符号以代表之。历来所代表之符号，有数字、字母等数种。然字母不易辨认，且不易记忆，数字准确而简明，故分类应以数字为符号，照数字之大小分别排列之。

第五节　分类之程序

一书到手,第一步须查书名页、正文卷端及版权页等处所标之书名,因一部分图书可因书名而知其内容属于何类,如教育辞典,地名辞典之类是也。但亦有书名之字义与内容并不符合者,是须另由他法以决定该书之类属,否则分类必致错误。郑樵云:"《尉缭子》兵书也,班固以为诸子类置于杂家,此之谓见名不见书。"见名不见书,故有此误耳。

查阅书名后,次须细检一书之目录,因一书之要旨,均概括于目录之中,目录既能明瞭,则该书之性质可知过半矣,即不阅内容,亦可知其类属。

苟细检目录,尚不能决定该书之类属,则宜详阅该书之序跋、凡例或导言等以决定之。因著者对于著书之动机、目的、经过及书之要旨等,多于序跋、凡例、导言等中表明之。

如阅览序跋、凡例、导言等,仍不悉该书之性质,则不得不翻阅全书以探求该书大意之所在,藉作分类之准绳。且书之内容,必须涉猎全书,方可得其意旨,否则易致错误。郑樵云:"颜师古作《刊谬正论》及《杂记经史》惟第一篇说《论语》,而《崇文总目》以为《论语》类,此之谓看前不看后。"仅看前而不看后,故有是失。

如阅览全书内容,犹未能决定该书究属何类,是则该书必为一种专门之著作,非分类员所能瞭解,惟有另请专家决定之。因图书所包含之学术不一,而每一学术之中,有甚普通者,有极专门者,以如此广博之书籍内容,决非分类员所能一一胜任,请专家决定,势所必然。

决定内容后,然后查所采用之分类表中视其与该书之内容最切近之类目符号,标于该书里封面之右上角,作为编目时书码之一部分。

第六节　分类之符号

分类之符号,约可分为三种:第一种系用字母作符号,克特氏之图书分类,即用此种符号。其分类法,即以二十六字母代表各大类,然后在每字母之下,再加一字母,代表中类,以下由此类推,可加至四五个字母,以代表小类及最小类。

第二种系用字母与数字作符号,美国国会图书馆之图书分类法,即用此符号,以二十六字母代表十八大类,又于每字母下再加一字母,以代表中类,加此连续用二个字母后,即改用数字,以代表小类。又英国勃朗氏之分类法,亦采用此种符号,惟字母仅用之于首一位,其余均用数字,故其分类不能如美国国会图书馆之详尽。

第三种系完全用数字作符号,此即美国杜威氏所用之符号,系以三个数字代表主要之类,如须再分,递加小数至四五位不等。

以上三种符号,其最适用而最通行于我国者,殆为杜威之数字符号。至用字母之方法,系二十六进,远不如十进之法为易记,且杜威之数字顺序,均有相当意义,如每类中之九小类,均有一定意义。如哲学类名之下 101 原理,102 概论,103 字典辞典,104 论文讲演录,105 杂志,106 学会议录报告等,107 教学,108 丛书提要,109 历史,吾人依以上类名之意义,得知 1 字有功用或原理之意义,2 字有概论通论之意义,3 字有字典辞典之意义,4 字至 9 字均各有一定之意义,因此吾人得知 201 为宗教原理,209 为宗教史,301 为社会原理,308 为社会科学丛书,吾人记得此九小类之意义,即可举一反三,由此可知数字符号,实较字母符号为易记也。

第七节　外国图书分类法

外国图书分类法,当首推欧、美,就中尤以亚里士多德(Aristotle)为鼻祖,亚氏将人类知识分为以下三类:

(1)理论哲学　包含物理学、算学、形而上学。

(2)实用哲学　包含伦理学、经济学、政治学。

(3)生产哲学　包含诗歌、修辞学、美术。

然此实为学术之分类,非图书之分类也。图书分类表之首创者,殆为瑞士人凯斯纳(Konard Gesner)。凯氏分图书为二十一门,即:(1)语言学,(2)辩证学,(3)修辞学,(4)诗歌,(5)算术,(6)几何,(7)音乐,(8)天文学,(9)占星学,(10)术数,(11)地理,(12)历史,(13)技术,(14)自然哲学,(15)形而上学与神学,(16)伦理学,(17)哲学,(18)政治学,(19)法理学,(20)医学,(21)基督教。此表于公元一五年发表,对于组织上不免散漫,然实开后来分类法之先河,嗣后欧、美之研究图书分类法者,日兴月盛,未始非凯氏启导之力也。兹就其较重要者述之如下:

(1)主题分类法　(Subject Classification)此法系英人勃朗(James Duff Brown)于一八九八年所创,其分类大纲如下:

物质与原力 { A 总部 / B－D 物质的科学

生　　命 { E－F 生物的科学 / G－H 人类学与医学 / I　经济生物学

心　　志 { J－K 哲学与宗教 / L　社会与法政

27

$$记载 \begin{cases} M & 语言与文学 \\ N & 文体 \\ O-W & 历史地理 \\ X & 传记 \end{cases}$$

勃朗氏之分类,即将人类智识分为(1)物质与原力,(2)生命,(3)心志,(4)记载四项。其分类法即以此为基本原理。是法所用之符号,系字母与数字并用,第一用字母,以下概用数字,自一位至三位不等。例如历史之符号为0,则英国历史为0123,对于记忆上尚便利。

(2)《美国国会图书馆分类法》(Library of Congress Classification)此法系一八九七年美国国会图书馆改编目录所编订,为现行三大分类法之一(杜威、克特、美国国会图书馆,为现行三大分类法。)最适用于规模宏大之图书馆,系斟酌杜威与克特二法而成。是法所用之符号亦为字母与数字兼用,第一第二位均用字母,第三位以下则用数字,此数字约自一位至四位,有时并在数字后再加字母以资分别,兹将其分类大纲列下:

A　　总类–丛书
B　　哲学–宗教
C　　历史–附属学科
D　　世界史地
E–F 美国史地
G　　地理–人类
H　　社会科学–经济学–社会学
J　　政治学
K　　法律
L　　教育
M　　音乐
N　　美术

28

P　　语言与文学

Q　　科学

R　　医学

S　　农业

T　　专门科学

U　　陆军学

V　　海军学

Z　　目录学与图书馆学

此项分类法,均依科学次序,甚合论理的原理。且其分类无限制,非如杜威以十进为拘束,此实为其特点。惟所分过于详细,分类时手续较繁,故一般小规模之图书馆,颇不易采用是法也。

(3)《克特展开分类法》(Expansive Classification),简称(E. C.),是法创于美国人克特(Charles Ammi Cutter,1837—1903)以二十六字母分为二十六类;每类再加字母,分为二十六目;每目再加字母,分为二十六细目,遇必要时,其类母可增至无穷,故称展开。此法用意极善,设计亦颇周密。但全用字母为符号,不易于书写与记忆,不易施行于我国各图书馆。兹将其分类大纲列下:

A　　总类

B　　哲学

C　　耶教

D　　教会史

E　　传记

F　　历史

G　　地理

H　　社会科学

I　　社会学

J　　政府政治

K　　法律

L	普通科学
M	自然科学
N	植物学
O	动物学
P	人类学
Q	医药
R	应用科学
S	工程学建筑学
T	制造工艺
U	海陆军
V	游艺
W	美术
X	语言
Y	文学
Z	图书学

(4)《杜威十进分类法》(Decimal classification),简称(D. C.),是法创于美国人杜威(Melvil Dewey,1835—1931),将全世界学科分为九类,每类以数字为符号,普通书籍、百科全书、杂志等则另列一类,而以0为符号,如是共为十类。每类复分十项,每项复分十目,共成一千目。各目之中,如不足以包含全科者,则加小数表明之,愈分愈微,以至于无穷。各项分目,则视该科学之繁简而定数目之多少,运用极为简便,符号整齐,并易于记忆。其分类表之最初发表时期,为一八七六年,彼时全表仅四十二面,嗣后逐渐增订,并赖各专门学者为之协助,各类新目,增加日多,至一九二九年出版之第十三版,其篇幅已增至一千六百四十七面,此法一出,图书馆界即纷纷采用。据美国图书馆一九二六年之统计,采用此法之图书馆,已达一万四千余所,是可知该分类法之风行一时矣。兹将其分类大纲列下:

560 古生物学 780 音乐
570 生物学 790 娱乐
580 植物学 800 文学
590 动物学 810 美国文学
600 应用技术 820 英国文学
610 医学 830 德国文学
620 工学 840 法国文学
630 农学 850 意国文学
640 家政 860 西班牙文学
650 交通及商业 870 拉丁文学
660 化学工艺 880 希腊文学
670 制造 890 其他
680 手工业 900 史地
690 建筑 910 地理及游记
700 美术 920 传记
710 庭园 930 古代史
720 建筑 940 欧洲史
730 雕刻 950 亚洲史
740 图案 960 非洲史
750 画 970 北美洲史
760 雕版 980 南美洲史
770 照相 990 大洋洲及两极史

《杜威十进分类法》,对于运用方面,颇多便利,兹约举数点如下：

1. 简单明瞭。
2. 富伸缩性。
3. 标号简短。

4. 适于实用。

5. 使用助记法,便于记忆。

6. 有详细索引,便于查索。

7. 依标号排架,易于检寻。

惟该法不适合之点,亦有数种,尤其对我国书籍之分类,间有不合,兹约举数点如下:

1. 多冲突　如 390 为交通与商业,650 亦为交通与商业,二者不免冲突。

2. 繁简不称　如电气工程,数目多至六位,土木工程则完全分散。又如图书学之登记一门,小数多至三位,商业交通等,则甚简单。

3. 门类分配不匀　如宗教占有百位,商业只占四位。

4. 各国分配不匀　美国文学占 820—829 十位,亚洲各国只占一位,且各国之分配,凡属于中国类者,皆较其他各国门类为少,殊不合我国图书馆之用。

5. 中国书籍之门类多缺　中国书籍如经籍、诸子、词章、诗赋等门类均付缺如,如有以上各类书籍,均无法插入。

6. 史类多缺乏综合分类　如分类中有各洲史而无全球史,又如英国三岛有各岛史,而无英国史,显见缺乏综合性之分类。

综观以上所举各点,则《杜威十进分类法》利弊互有,如欲使用于我国书图馆,自须加以酌改,未可视为金科玉律也。

第八节　中国图书分类法

中国图书分类,自七略演变而为四部,其间经过,已述于第一章第一节目录之沿革,兹不复赘。此处所述者,仅限于西学输入后之图书分类,此时期之分类,约可分为改革四部,新旧并行,及酌采

杜威而成之三大系统,兹分述如下:

(甲)改革四库派

四部分类,自经《四库全书》增删采用后,遂成一代之典型,二百年来,所有官编私撰以及清人所补之前朝史志,大都奉为圭臬,引为参证,故有清一代,实为四库分类最盛之时期。惟四库类目,虽云细密,以之包括吾国广博之载籍,实不可能,况自鸦片战争后。海禁大开,西洋学术,一时如雨后春笋,纷纷输入,国内固有之学术,骤起变化,若仍以四库之法部勒之,不免露襟见肘,驾驭为难,于是对于四库不免有种种之改革,其最著者有以下数种:

(1)《古越藏书楼书目》,该书目之分类,混经、史、子、集及新学之书为学、政两部,兹列其主要类目如下:

学部　易学、书学、诗学、礼学、春秋学、四书学、孝经学、尔雅学、群经总义学、生理学、天文算学、黄老哲学、释迦哲学、墨翟哲学、中外各派哲学、名学、法学、纵横学、考证学、小学、文学。

政部　正史兼补表补志考证、编年史、纪事本末、古史、别史、杂史、载记、传记、诏令、奏议、谱录、金石、掌故、典礼、乐律、舆地、外史、外交、教育、军政、法律、农业、工业、美术、稗。

观上所列类目,足见其分类实具有相当勇气与计划。至其间类别,间有未妥之处,如学、政二部之名,究如何区别,学犹可言,然其含义甚广,一切知识,均可以学名之。政则意义晦而不明,分类杂而不精,内包史地,犹旧日之遗说,若书画小说,亦列于政部,殊属不伦,然其改革精神,固不可埋没也。

(2)《南洋中学藏书目》,是目为陈乃乾所编,其与《越目》不同者,《越目》系将新旧之书融为一贯,此则纯为中国旧籍分类之改革,盖此时已渐进为并行制矣。据汤济沧序云:"书目之编制,亦颇费斟酌,最不妥者,为经,《尚书》记言,《春秋》记事,皆史也;《毛诗》为有韵之文,《三礼》亦史之一类;而孔、孟之在当日,与老、

34

庄、管、墨、韩、商何异,自汉武罢黜百家,尊崇儒学,后人踵事增华,经之数增十之三,今政体革新,思想家不复如前次之束缚,此等名目,将必天然淘汰,大势所趋,无可避免,如儒家者仍列为九流之一可已。故本书目,不用四部之名,区其类为十有三,如或惬心贵当,逐渐厘正,责在后起。"阅汤氏序文,可知是目系将吾国历来之卫道观念,一举推翻,对于经部作猛烈之攻击,其改革视《越目》为尤有意义,兹将其类目列下:

周、秦、汉古籍

A.历史　尚书　春秋　杂史　B.礼制　C.易　D.诸子　儒家　兵家　法家　墨家　道家　杂家　合刻　E.诗文　诗　文　F.古籍总义　G.古籍合刻

历史

A.官修史　B.私家撰述　编年　纪事本末　正史　杂史　C.传记谱牒　列传　别传　氏族谱牒　D.论述　史评　史钞

政典

A.总志　B.礼乐　C.职官仕进　D.兵制屯防　E.刑法　F.盐法　G.农政水利

地方志乘

A.区域　总志　省志　府州县分志　私家记述　古代志乘　市镇　B.山川　总志　分志　C.古迹　D.居处　书院　祠庙

小学

A.说文　B.字书　C.音韵　D.训诂　E.汇刻

金石书画书目

A.金石　目录　图谱　论辨　B.书画　目录　图谱　论辨　C.书目　D.杂录

记述

A.读书论学　群籍分考　杂考　论述　B.修身治家　C.游
宦旅行　各家撰述　汇辑　外域　D.名物　E.掌故　F.
杂记

天文算法

A.中法　B.西法　C.中西合参

医药术数

A.医经　B.本草　C.术数　道家　五行占卜

佛学

A.经藏（大乘）　华严　方等　般若　法华　涅槃　B.经藏
（小乘）　C.论藏（大乘）　宗经论　释经论　诸论释　D.
论藏（小乘）　E.杂藏（西土撰述）　F.杂藏（中土撰述）
净土宗　台宗　禅宗　贤首宗　慈恩宗　律宗　纂集
传记　护教　融通

类书

诗文

A.各家著述　诗　文　诗文合刻　数家合刻　B.选本　历
代诗选　各郡邑诗选　历代文选　各郡邑文选　骈文时
文　尺牍　诗文合选　C.评论　诗论　论文

词曲小说

A.词类　词谱　词集　词选　B.曲类　曲谱　杂剧　曲选

汇刻

A.一人著述　B.数家著述

　　观上目系将吾国历来之四部分类法完全推翻,并将经部归并
于各类,实开经部拆开分类之先声。惟其中所列类目,如周、秦、汉
古籍一类,既以书籍之性质为分类之标准,即不应专立是类以作区
别,盖周、秦、汉之古史,皆可入于历史一类也。

　　(乙)新旧并行派

四库之法,既不适用于近代书籍,新创改革之法,又难免武断附会,于是一般从事于分类者,因而有新书旧书之各别分类。旧书仍因袭四库,新书则凭己意以分类之,此新旧并行派之所由起也。采用是项办法者,有无锡图书馆、浙江公立图书馆、河南图书馆等,兹分述如下:

(1)无锡图书馆之分类,其旧籍依经、史、子、集、丛五部分类,至于近代出版之新籍,则区分为六部,其细目如下:

政部　内务类　外交类　财政类　陆海军类　司法类　教育类　农工商类　交通类

事部　历史类　舆地类　人事类

学部　伦理学类　哲学类　宗教类　数学类　格致类　医学类　教科书类

文部　近人著集类　小说类　字典文典类　图画类　外国文书类

报章部　杂志类　日报类

金石书画部　法书类　名画类

(2)浙江公立图书馆之分类,总分为"保存""通常"二种,保存类又分为甲乙二部,均以经史子集四部法分类,通常类又分甲乙丙丁四部,其内容如下:

甲部　经　史　子　集

乙部　宗教　哲学　教育　文学　语言　历史　传记　地理　纪行　国家　法律　经济　财政　社会　数学　理学　医学　工学　兵学　美术及诸艺　产业　交通　丛书　字汇书

丙部　依《杜威十进法》

丁部　依《杜威十进法》

(3)河南图书馆之分类,旧书依经史子集丛五部分类,新书分为时务通俗两部,其细目如下:

时务部　西政　各国史　公法　法政　财政　教育　陆军　海军　地理　水利　农学　工业　商业　医药　格致　化电力声光　矿务

通俗部　哲学　数理　神怪　社会　医学　文学　教育　史学　地理　政法　侦探　兵学　言情　商学　农学　工学杂书

(丙)酌采杜威派

《杜威十进分类法》，符号整齐，易于运用与记忆，前已言之。惟杜氏分类法，对于各国之分配，其属于我国者，皆较其他各国门类为少，且其中我国书籍，如经籍诸子词章等，该分类表中均付阙如，以吾国学术之特质，书籍之浩繁，若完全采用杜威之法，殊多不合之处，因是吾国近来之从事于分类者，多参稽是法，酌加改正以期适用，兹举其较著者如后：

(1)《中国图书分类法》，刘国钧编，于民国十八年由金陵大学图书馆印行，嗣于民国二十五年增订再版，内容较初版时增加三倍。其编制之动机，据其导言云："……编者深感四库分类法不能适用于现在一切之中籍，且其原则亦多互相刺谬之处，不合于图书馆之用，而采用新旧并行制，往往因新旧标准之无定，以致牵强附会，进退失据，言之似易，行之实难。至于采用西人之成法，则因中、西学术范围方法问题，不同者太多，难于一一适合，勉强模仿，近于削足适履，故决定采新旧统一之原则，试造一新表。……"是表细目，其关于新近之学科，有采自杜法者，亦有采自他法者。分类符号，则采用杜法之数字，然不拘拘于十进，以避强类目而就数字之弊，是则与杜威稍异耳。至于我国固有之类目，大率采自《汉书艺文志》，《通志艺文略》，《文献通考经籍考》，《国史经籍志》，《书目答问》，《四库全书总目》等，兹录其分类大纲如下：

总部	250 回教
000 特藏	260
010 目录学	270 其他各教
020 图书馆学	280 神话
030 国学	290 术数
040 普通类书	自然科学部
050 普通杂志	300 总论
060 普通会社出版部	310 数学
070 普通论丛	320 天文学
080 普通丛书	330 物理学
090 群经	340 化学
哲学部	350 地学
100 总论	360 生物学,博物学
110 思想史	370 植物学
120 中国哲学	380 动物学
130 东方其余各国哲学	390 人类学,解剖学,生理
140 西洋哲学	学
150 论理学	应用科学部
160 玄学	400 总论
170 心理学	410 医药
180 美学	420 家事
190 伦理学	430 农业
宗教部	440 工程
200 总论	450
210 比较宗教学	460 化学工艺
220 佛教	470 制造
230 道教	480
240 基督教	490 商业

社会科学部

500 总论

510 统计

520 教育

530 礼俗

540 社会

550 经济

560 财政

570 政治

580 法律

590 军事

史地部（中国）

600 史地总论

610 通史

620 断代史

630 文化史

640 外交史

650 史料

660 地理

670 方志

680 类志

690 游记

史地部（世界）

710 世界史地

720 海洋

730 东洋及亚洲

740 西洋及欧洲

750 美洲

760 非洲

770 澳洲及其他各地

780 传记

790 古物学

语文部

800 语言学

810 文学

820 中国文学

830 总集

840 别集

850 特种文学

860 东方各国文学

870 西洋文学

880 西方诸小国文学

890 新闻学

美术部

900 总论

910 音乐

920 建筑

930 雕刻

940 书画

990 游艺

（2）《中国图书十进分类法》，何日章、袁涌进合编，民国二十三年北平师范大学图书馆刊行。其十进大类之次序，完全根据杜威;其详细类目,泰半根据刘国钧之《中国图书分类法》,并参用杜定友《世界图书分类法》,《杜威十进分类法》,森清氏《日本十进分类法》,以及《美国国会图书分类法》等。据其自序云:"……馆中所藏西籍,既采用西方通行之典制以资遵守矣,而国文著述,数达钜万,此后所增,犹未可量,古今异势,不能蹈四库之旧规,中外异宜,不能采杜威之成法,因之审慎迟徊,详加考虑,始决定以刘国钧氏之《中国图书分类法》加以必修正。"兹列其分类大纲如下:

000 总部
  010 目录
  020 图书馆学
  030 新闻学
  040 普通类书
  050 普通杂志
  060 普通社会刊物
  070 普通论丛
  080 普通丛书
  090 经籍
100 哲学部
  110 比较哲学
  120 中国哲学
  130 东方哲学
  140 西洋哲学
  150 论理学
  160 形而上学
  170 心理学
  180 美学
  190 伦理学
200 宗教部
  210 比较宗教部
  220 佛教
  230 道教
  240 基督教
  250 回教
  270 其他各教
  280 神话
  290 术数
300 社会科学部
  310 统计
  320 政治
  330 经济
  340 财政
  350 法律
  360 社会
  370 教育
  380 军事
  390 礼俗
400 语言文学部
  410 比较语言学
  420 中国语言学

（3）《中国十进分类法》，皮高品编，民国二十三年文华公书林出版。是法所搜集之细目，较刘国钧所编之《中国图书分类法》为详，且其分类亦有条而不紊，据其自序云："……杜法为西书而设，初非兼中籍而并筹者。且也类目陈旧错列，繁省失均，逐以总贯中西载籍，其穷屈不适用，比夫七略四库一何以异。事非更张，理涉株守，采杜补杜，固有不然，至若仿杜而独比附偏模，率尔就简，亦未见其可也。盖我国之学术，自有其特性，不容偏废苟简。世之作者，必悉加纂录，详制类目，使适中外文籍。庶云有济。……"其编制是法，系起于民国十五年，阅八年始竣，可知对如此浩繁之分类法，颇费斟酌也。兹列其分类大纲如下：

000 总类	180 伦理学
010 图书学	190 美学
020 圕学	200 宗教
030 普通百科辞书	210 孔教
040 报学	220 道教
050 普通杂志	230 佛教
060 普通学会	240 婆罗门教
070 国学	250 基督教
080 丛书	260 犹太教
090 经学	270 回教
100 哲学	280 祆教
110 东方哲学	290 其他宗教
120 西方哲学	300 社会科学
130 形而上学	310 社会学
140 逻辑学	320
150 心理学	330 教育
160	340 统计学
170 人生哲学	350 经济学

360 财政学	620 商业
370 政治科学	630 交通运输
380 国际政治	640 工艺
390 法律	650 工程
400 语言文字学	660 化学工业
410 中国语言文字学	670 制造工业
420 日本语言文字学	680 手工业
430 希腊,拉丁,罗马语言文字学	690 家政学
440 法国语言文字学	700 美术
450 英美语言文字学	710 建筑
460	720 雕刻
470 德国语言文字学	730 绘画
480 俄国语言文字学	740 板刻
490 其他各国语言文字学	750 摄影
500 自然科学	760 工艺美术
510 数学	770 音乐
520 天文学	780 演剧
530 物理学	790 游艺
540 化学	800 文学
550 地质学	810 中国文学
560 生物学	820 日本文学
570 植物学	830 希腊,拉丁,罗马文学
580 动物学	840 法国文学
590 医学	850 英国文学
600 实业工艺	860 美国文学
610 农业	870 德国文学
	880 俄国文学

44

890 其他各国文学

900 历史

  910 中国史

  920 亚洲史

  930 欧洲史

  940 美洲史

950 非洲大洋洲史

960 纹章学

970 传记

980 地理

990 考古学

(4)《洪氏图书分类法》,洪有丰编。据《图书馆组织与管理》第十二章分类法云:"……余更根据《四库全书》总目,参酌《杜威氏十进分类》,将新旧图书分为丛、经、史、地、哲学、宗教、文学、社会科学、自然科学、应用科学、艺术科学九类。……"又云:"……社会科学以下各类,均参酌杜威氏《分类法》,惟遇细目不适用于中籍者,则加私意增删或改良之,非敢臆造,期适合于中文图书之性质也。"观上所云,其分类虽有采用《杜威分类法》者,然已酌加变更,非完全步其成法也。兹将其分类大纲列下,以供参考。

000 丛

  010 目录学

  020 图书馆学

  030 类书

  040 丛书(诸家合刻)

  050 丛书(一人自著)

  060 普通杂志

  070 普通社会报告期刊

  080 报章

  090 善本书

100 经

  110 易

  120 书

  130 诗

  140 礼

  150 春秋

  160 四书

  170 孝经

  180 小学

200 史地

  210 世界史

  220 中国史

  230 传记

  240 世界地理

  250 中国地理

  260 游记

  270 地图

300 哲学及宗教

(5)《分类大全》,桂质柏编,民国二十四年国立中央大学图书馆出版。是书第一编为分类表及索引,第二编为中日文著者号码表,第三编为克特氏著者号码表,故曰大全。据其自序云:"……本馆之中日文图书分类法,乃沿东南大学之旧,以四库为本,而另增新部,仿杜威之《十进分类法》。但此法创始之时,图书不多,亦未详细分析,嗣后图书渐增,原有分类号码不敷应用,因率同馆员,根据原分类法,再为分析,以容纳各项图书。……"此可知桂氏分类法,系增补洪氏旧法之作,并非个人之创著。然亦有与洪法不同之点,即改洪法之"丛"为"总类",并增置革命文库一大类是也。兹列其大纲如下:

000 总类	500 社会科学类
100 经类	600 自然科学类
200 史地类	700 应用科学类
300 宗教类(哲学附)	800 艺术类
400 文学类	900 革命文库

(6)《清华大学图书馆中文图书分类法》,施廷镛编,其法以甲、乙、丙、丁、戊、己、庚、辛为次,分为八大纲,每大纲更以数字自100至900详分之,其大纲虽不与杜威相同,实亦袭用其十进之意。兹列其分类大纲如下:

甲 总类	900 经书
100 图书学	乙 哲学宗教
200 圕学	100 东方哲学
300 类书	200 西方哲学
400 普通学术论丛	300 哲学各论
500 普通杂志期刊	400 论理学
600 普通社会概况报告	500 心理学
700 新闻学	600 美学
800 丛书	700 伦理学

800 宗教——佛教　　　　600 法律

900 道教及其他　　　　700 军事

丙　自然科学　　　　　800 教育

100 算学　　　　　　　900 礼俗

200 物理学　　　　　己　史地

300 化学　　　　　　　100 中国史——通史

400 天文学　　　　　　200 中国史——断代史

500 地质学　　　　　　300 中国地理地志

600 生物学　　　　　　400 中国地理类志

700 动物学　　　　　　500 中国谱系传记

800 植物学　　　　　　600 各国史

900 人类学　　　　　　700 各国地理

丁　应用科学　　　　　800 各国谱系传记

100 医药　　　　　　　900 考古学

200 农业　　　　　　庚　语文

300 农产制造　　　　　100 中国语文

400 工业　　　　　　　200 中国文学

500 化学工艺　　　　　300 中国文学——文

600 工程　　　　　　　400 中国文学——诗赋

700 商业　　　　　　　500 中国文学——词曲

800 交通运输　　　　　600 中国文学——戏剧

900 家事　　　　　　　700 中国文学——民间

戊　社会科学　　　　　　　 文学

100 社会学　　　　　　800 中国文学——小说

200 统计　　　　　　　900 各国语文

300 经济　　　　　　辛　艺术

400 财政　　　　　　　100 音乐

500 政治　　　　　　　200 书画

48

300 雕塑	700 美术建筑
400 摄影	800 体育
500 印刷制版	900 游艺
600 美术工艺	

（7）《中外图书统一分类法》，王云五编。是法系就杜威原法加以补充，以适合于中外图书之应用。据其自序云："《中外图书统一分类法》，并不是一种发明，他是建筑在《杜威十进分类法》的基础上，加了小小的点缀，使更适于中国图书馆的应用罢了。"按所谓"加了小小的点缀"者，即"＋""±""卅"三种符号也。此三种符号，均为本分类法就杜威分类法新增之类号，其意义如下所述：

凡有"十"号者，排在绝对相同的号码之前，如＋812 排在812 之前。

凡有"±"号者，排在整数相同的任何号码之前，如±813.3 排在813 之前。

凡有"卅"号者，排在十位相同的任何号码之前，如卅819 排在812 之前。

王氏之法，意在维持杜威之原有号码，毫不裁减，更可添出新并类号以补其缺陷，而达到中外分类统一之目的。

（8）《世界图书分类法》，杜定友编。此法系根据杜威旧制改组而成。杜威十进分类法，虽其原理，极合实用，符号亦具普通性，然其所列类目，多不平均。如美国史占 960—980 二十位，而中国只占 251 一位。又如传记一门，久为图书分类家所不用，而乃占十位之多。文学与语言，则为自然科学所隔离。杜定友有鉴于此，将400 语言学改为艺术，而以 700 为语言学。又将 200 宗教改为教育科学，而以宗教改归190。此外其他各大类中之各小类，多有更动。分为普通哲理科学、教育科学、社会科学、美术科学、自然科学、应用科学、语言学、文学、史地学十大类。

杜氏分类法虽根据《杜威十进分类法》组成,然其间亦有酌采吾国旧有类目以期适用,例如我国旧有之经部,吾国学术均渊源于是,且有其一贯之系统,杜氏特将经部列入于普通门之第二类,使经籍不致支离破碎,此种分类,在经籍拆分问题未经妥善解决以前,吾人实未可厚非。故自此法问世以来,采用者颇不乏人。杜氏复力求该法之完备,于民国二十四年将该法加以改订,改名《杜氏图书分类法》(中册分类表,下册索引,均已出版;惟上册说明未编就。)虽以原有系统关系,未能全盘改编,然其内容之充实,在吾国现在一般新编之分类法中,实无有出其右者,兹将其改订本之分类大纲列下:

000 总类	180 神秘学
010 图学	190 宗教
020 中国经籍	200 教育科学
030 百科辞典	210 教育行政
040 学术论丛	220 管理训育
050 期刊	230 教科教材
060 会社	240 教授法
070 新闻学	250 教员
080 丛书	260 学校教育
090 统计年鉴	270 社会教育
100 哲理科学	280 高等教育
110 各国哲学	290 特殊教育
120 中国哲学	300 社会科学
130 形而上学	310 社会思想
140 哲论	320 政治学
150 心理学	330 行政学
160 论理学	340 法律学
170 伦理学	350 军事学

360 经济学　　　　640 化学工业

370 理财学　　　　650 交通

380 劳工　　　　　660 商业

390 社会学　　　　670 工业

400 艺术　　　　　680 实业

410 建筑　　　　　690 家政

420 中国书画　　　700 语文学

430 绘画　　　　　710 比较语文学

440 雕刻　　　　　720 中文

450 装饰手工　　　730 英文

460 印刷　　　　　740 法文

470 摄影　　　　　750 德文

480 音乐　　　　　760 日文

490 游艺　　　　　770 俄文

500 自然科学　　　780 其他

510 数学　　　　　800 文学

520 天文学　　　　810 总集

530 物理学　　　　820 诗歌

540 化学　　　　　830 词曲

550 地质学　　　　840 戏剧

560 博物学　　　　850 文集

570 生物学　　　　860 小说

580 植物学　　　　870 演辞函牍

590 动物学　　　　880 儿童文学

600 应用科学　　　890 民间文学

610 医药　　　　　900 史地系

620 工程　　　　　910 世界史地

630 农业　　　　　920 中国史地

930 英国史地　　　　　970 俄国史地

940 法国史地　　　　　980 美国史地

950 德国史地　　　　　990 其他各国史地

960 日本史地

第九节　中外分类综说

分类法虽重于理论,然亦不可不注意于实用,至于符号,则以简明易记为佳,就外国之图书分类法而论,当以《杜威十进分类法》为适用,故各图书馆多采用之,即我国新编之图书分类法,亦多采仿该法改编而成,符号之用亚剌伯数字,即系仿杜法之一。且各法中大多数采用杜威十进之意,盖求其易于记忆也。惟杜威之法,亦多未有适合我国书籍之处,因我国图书之地位,在杜法中所占极微,如勉强用杜法以驾驭我国图书,是则无异削足适履,模拟不伦。故应斟酌吾国固有之学术,妥为变通,不能完全仿用其成法也。今后吾国分类法之趋势,应以适合我国书籍为主,至关于分类法本身,须具备下列各要点:

(1)符号须简明易记。(2)类目须丰富,组织须严密。(3)类目之意义,须明晰易解。(4)类表须富伸缩性。(5)须有适当之索引。

若具有以上各优点之分类法,且其类目甚适用于我国书籍者,得谓为完善之分类法。试观吾国新编各分类法中,罕能符合以上各优良条件,或失之太简,或繁简不称,或组织漫无系统,令图书馆员之从事于分类者,往往有持一新书遍查分类法仍苦无法安置,此即分类法之不良有以致之。至各分类法中之内容较为充实,类表较有伸缩性者,仅杜定友最近改编之《杜氏图书分类法》以及皮高品之《中国十进分类法》略可当之。

第三章　普通书编目法

第一节　编目前应注意之事项

编目工作,极为繁复,事前须将各项编目手续划一准确,使所编目录,不致前后分歧,彼此互异。故在着手编目时,应顾及整个目录。兹将应行注意之点,胪举如下:

(1)编目前须拟定一扼要之规则,俾编目者有所遵循,不致漫无标准。

(2)编目前应决定卡片写法,如著者、书名、标题、分析、丛书、参照、书架、分类等卡,均须明白规定。

(3)应决定卡片上之书法,或楷书,或宋体,或酌用简体,均须事前决定。

(4)编目程序,亦须预先规定。例如某种书编目,先须制何种卡片,次制何种卡片,最后应加何种手续,按序而行,不得紊乱。

(5)编目前应顾及图书馆之性质。如为公开者,则所编目录,应顾及大众检查之便捷问题,故其目录须简明而确切。如为私人机关参考者,其目录不妨详细,以供阅者尽量检取参考书。

(6)编目前应顾及图书馆之藏书性质,如多某类书籍,则对某类书籍之目录,须特别详细,尤其是标题目录,须详加标示,以便将各书细类,尽量显现,利于阅者检查。

第二节 书　名

（1）现代出版书籍，以版权叶所题之书名为准；古书书名，概照原书正文卷端所题为准。如封面或书名叶所题书名与版权叶或正文卷端所题书名不同，应于附注项注明"封面题某某"或"书名页题某某"。并须用封面或书名页所题书名制一参照卡，例如《绛雪园古方选注》一书。其书名叶题称"《十三科选注》"，正文卷端题称"《绛雪园古方选注》"，应以正文卷端所题为准。并于附注项注明"书名叶题《十三科选注》"，再用"《十三科选注》"制一参照卡。

（2）古书正文卷端，倘不题书名，或所题书名不合该书内容时，可采用目录前所题名称。如该书无目录，可采用封面所题名称。

（3）倘正文卷端以及目录封面等处所题名称，均与该书内容不符，得采用书口序跋书签所题诸名称中择一最适当者作为书名。但须于附注项注明"卷端题某某"，并制参照卡。

（4）书之首末，均无书名，得采用书口所题者。惟同时须参考诸家目录以资决定，如采自诸家书目之书名与书口所载不同者须于附注项注明"书口题某某此据某某补"。

（5）书经再版后，其所题书名或有与初版时所题不同者，得于附注项注明"本书初版题称某某"。

（6）各卷或各册所题书名，如有歧异之处，以最初卷册为准。若大部分相同，而最初卷册特异者，则改从大部分所题之书名。如歧异之处甚关重要，则更须于附注项注明之。

（7）凡于本书中及诸家目录具不能查得相当书名时，编目者得以己意酌定之。

（8）书名以简明为主,如遇名称冗长时,得斟酌封面或书口等所题省去其无关重要之字,如"《皇明二祖十四宗增补标题评断实纪》",可据书口省称为"《皇明实纪》"。又如"《毛诗草木鸟兽虫鱼疏广要》",可省称为"《毛诗陆疏广要》"。"《大元圣政国朝典章丛集》",可省称为"《元典章》"。但须于附注项注明卷端书名以便查对。

（9）正式书名前,附有冠词者,如"御定"、"钦定"、"御批"、"御纂"、"御制"、"御注"、"御录"、"增补"、"增修"、"增订"、"增广"、"增辑"、"详注"、"详解"、"笺注"、"注释"、"重修"、"重刊"、"重订"、"校补"、"校正"、"校刊"、"校订"、"原本"、"足本"、"选本"、"绣像"、"绘图"等,均须用括弧注写于书名之后;并制参照卡,以便检查。

（10）一书有二种书名者,一律须将其原名及别名写出,中间用"一名"二字隔开,如"《己酉航海记》;一名《乘桴录》","《南部烟花》;一名《大业拾遗》","《上下古今谈》;一名《无量数世界变相》","《左氏蒙求》;一名《左传比事》"等,并用另一不同之书名,制参照卡。

（11）有书名相同而著者不同,应将著者姓名详细列出,以示分别,如桓谭《新论》华谭《新论》,扬雄《太元经》杨泉《太元经》等。

（12）书名含义不明,或有年代性质者,均须于附注项注明,如《从政观法录》(清初名臣二百八十人列传),《东华录》(清十一朝)等。

（13）年谱传记等书名有用谱主及被传人别号或谥号者,应将其正式姓名用括弧注于别号或谥号之后,如《宗忠简公(忠泽)年谱》,《阎古古(阎尔梅)年谱》,《孙渊如(孙星衍)年谱》,《曾文正公(曾国藩)年谱》等。

（14）书名前题有"国朝"二字者,如系明朝人所著,则在国朝下用括弧注一(明)字;如为清朝,则注一(清)字,但须于附注项注明"卷端题称某某"。题有"皇朝"二字者亦如之。

(15)书名前题有"皇明""皇清"等字者,可将"皇"字略去不写,但须于附注项注明"卷端题称某某"。

(16)凡书本有原名,因后人刊刻时将著者姓名移置于书名之上,则著者姓名可不必去,但须用原书名制一参照卡。

(17)书名内原有标点符号者照记,如《近世"我"之自觉史,太阳,月,星。》等。

(18)书名用字,应照原书题写,不可改易他字,如"《施达林的政治生涯》",不可改为"《史太林的政治生涯》"。但于必要时得另制参照卡。

(19)书名内夹有西文字母者,仍旧,如"《阿Q正传》","《新三S平面几何学》"等,均不得改译汉名或删去。

(20)丛书单行本,在书名上冠有该丛书名称者,可将丛书名称省去,于附注项注明"某某丛书本"。

(21)凡书名冠有类似丛书名称,如"新课程标准适用教科书","复兴教科书"等,均须省去,但须于附注项注明"某某教科书"。

(22)凡书名之字有误者,宜改正,并于附注项说明之。

(23)凡用国语注音符号或罗马字拼音所题之书名著录时,应易以适当之汉字,其原书名须于附注项举示之。

第三节　著者(附注释者、笺证者、校勘者、绘图者、翻译者、机关著者)

(1)组成一书之负责者,可规定下列数种:

a 著　撰述称著。

b 编　采集各种著作编排成书者,称编或称纂。

c 辑　采录各处散见文字成书者,称辑。

d 注　将某书本文加以解释者,称注。如笺释、注疏、笺注、笺证等,均入此类。

e 校　将某书内容加以改正者,称校。如校正、校订、校勘、考定、鉴定等,均入此类。

f 评　评定某书内容优劣,称评。如批定、评定、批评、批正等,均入此类。

g 译　将某种语文易为他种语文,称译。如将原文略加变动者,得称辑译。如选其原文之精彩者,得称选译。

h 选　选录某书之精彩者,称选。

i 节录　撮取某书纲要而缩短其篇幅者,称节录。

j 增补　将某书未尽处加以补述者,称增补。

某书之负责者,不论属于何种,均须于其姓名后,注明"著"或"编"……等字。

(2)著者姓名,如为现代出版之书籍,以版权叶所题者为准。如为古书,以正文卷端所题者为准。如正文卷端,不题著者姓名,可求之于序跋中。如序跋中亦无著者姓名,则须查诸家目录或他书而考定之。

(3)个人著者,以其入学服官往来书启含有法律性质之姓名为正式姓名。

(4)著者须一律用正式姓名,如原书所题为别号、笔名、伪名等,均须考定其正式姓名;于其正式姓名后,用括号注明"原题某某"等字。例如《晚明小品文库》,钱杏邨(原题阿英)辑。并用笔名、别号、伪名等制参照卡,如"秋郎见梁实秋""饮冰室主人见梁启超"。倘无法查得正式姓名,得暂照原书所题者填入著者项,但须于著者前加写"原题"二字

(5)某书并非著者自作,系由他人代作者,应于附注项注明"该书系某某代作"。例如《书目答问》,虽其著者为张之洞,但实

为缪荃孙代著,则于附注项应注明"该书系缪荃孙代著"。

(6)著者姓名如系假托,而其真姓名可以考定者,宜用真姓名;否则于假托姓名前加写"原题"二字。

(7)原题著者姓名,如已考定其为错误,应将所考得者填入著者项;并于其后附注"原题某某误"等字。如《金华游录》一书,其著者误方凤为谢翔,应于著者项填写方凤,并于其后附注"原题谢翔误"。倘该著者明知其为错误,惟一时无法考定,则于著者前加写:"原题"二字。

(8)著者姓名后,须附注字号生卒年份(用公元)以备查考。

(9)著者姓名前须括弧注明朝代,但现代著者不必注"民国"二字。

(10)外国著者须注明其国籍,西洋著者之国籍不明者,得注明"西洋"二字。

(11)外国著者原名无从查考时,于附注项注明"著者原名待考"。

(12)凡周、秦以前之古书,虽题有著者之名,但显知其不可凭信者,可依四库例,称"旧题某某著"。

(13)书中所题著者姓名不全,或有名无姓,或有姓无名,或用西文字母署名时,或夹用花样符号署名。均无从考得其全名或正式姓名者,得依书中所题者录之。

(14)原著者如无从查考,可题写"佚名"或"不著撰人姓氏"等字。如有朝代可考者,则称某代人佚名撰,如"宋人佚名撰""明人佚名撰"等。

(15)书中不著撰人,又不能确实考证,但一般人传说均谓为某人撰者,可题称"疑某某撰"。

(16)凡帝王及后妃所著书籍,应称朝代及庙谥,不称其本名,帝王如唐太宗清高宗等。后妃如唐则天后明仁孝后等。先秦诸侯均称国称谥及封号,如魏文侯。因此等名称,素为人习知。

（17）凡秦以后有爵者，虽有国有谥，亦用其原姓名，因秦以后均通行原姓名，爵谥反不为人注意，但得以其爵谥制参照卡。

（18）僧人向以其道名著称于世者，用其道名。并须于道名前加"释"字，如释太虚。

（19）凡已婚妇，其所著书署名每冠以夫家之姓氏，得仍旧；但须制参照卡，如"冯陈祖怡见陈祖怡"。

（20）已婚女作家，其所著书，署名仍用闺中姓名，不冠夫家姓氏者，得仍旧；但须于其姓名后，用括弧注明"某某夫人"，如苏雪林（张宝龄夫人）。

（21）凡二人合著书籍，则二人姓名均须列出，如"某某某某合著"，并须分制著者卡。三人以上合著之书籍，应将其中确负编著之完全责任者一人列出，并于其后加"等"字。必要时，得于附注中列举其他各著者，并分制副卡。

（22）官书有纂修人主名者，以纂修人为著者。敕撰之书，称某某等奉敕撰。如无撰编人主名者，则书某某年敕撰，或某某帝敕撰，编辑纂注均仿此。

（23）凡编纂者、注释者、笺证者、校勘者、翻译者等姓名著录法，均与著者同。

附一　注释者、笺证者、校勘者、绘图者

（1）凡注释笺证之书，若不录原书正文或仅节录者，即以注释笺证者为著者。

（2）凡注释笺证之书，将其原文完全列出者，应以原书著者与注释笺证者并列，称某某原著，某某注，或某某笺；并须另制注释者或笺证者等副卡，以便查考。

（3）凡书经注释笺证后，其原文性质完全改变者，虽录其全文，亦须以注释或笺证者为著者。

（4）凡书经某人校勘，须将原著者与校勘者并列，称某某原著

某某校勘;并须用校勘者制副卡。

(5)凡书附有名人绘图者,须将原著者与绘图者并列,称某某原著,某某绘图;并须用绘图者制副卡。

附二　翻译者

(1)翻译之书,以原书著者为著者,称"某某原著",而括注其原名于后;次附写译音姓名于其下,称"某某译",另将译者制副卡以资参照。如原书著者无从查考,须于译名后括注"原著者名待考"。

(2)人名译音,应求统一,除原有汉名及习惯上通用之译音外,概以商务印书馆出版之外国人名地名汉译表为标准。但于必要时,得酌量变通。如表中无者,得由编目者自行译定。如书上无原著者之名,又无法向其他参考书中查考,则照书上所译之名著录。惟无论采自何处译名,或自译之名,均应录于卡上,照原著者字母顺序排列,俾作日后依据,不致歧异。

(3)如原书所题译名,与标准译名不符时,应以标准译名为准,而以原书所译者括注于后,称"原译某某",并制参照卡。

(4)译者如系采集各种外籍辑译成书,即以译者为著者,照自著书编目。如《短篇小说集》,即称胡适编。但翻译他人已经辑成之著作时,仍以原编辑人为著者,照翻译书编目。

(5)无法查得原著者时,则以译者为著者。

(6)如原书本系翻译之书,再经翻译,谓之重译;应于姓名后,注明"重译"二字。

(7)书名之外国人名地名,无须改译,概照译本所译之译名,例如《戈理基文录》不必改称为《高尔基文录》。

(8)凡译本所译之书名,如将原著者姓名列入书名中者,不必将其姓名略去,例如"《达尔文物种原始》"一书,即应照原书著录。惟遇不甚著名之书,得酌用简名,但须制参照卡。

（9）翻译之书，能查出其原书名者，应于附注项注明"原书名某某"。

（10）中文译本书，应另制原文书名卡及著者卡，依西文字母顺序排列于西文目录卡中，以便检查。

附三　机关著者

（1）书籍以国立机关名义编纂者，即以该机关为著者，如"国立北平图书馆"。惟外国国立机关，须冠以国名。

（2）书籍以政府机关名义编纂者，即以该机关为著者，不论中国外国，均须于其前加以国名，如"中国外交部"。

（3）书籍以地方机关名义编纂者，即以该机关为著者，并须冠写地方名称，如"浙江财政厅""上海市政府"等。

（4）凡部院内部各司课所编纂之书籍，即以各司课为著者，并须冠写所属部院之名称，如"国民政府立法院编译处"。

（5）凡会社学校书局所编纂之书籍，即以各该团体为著者；除特立名称之机关或其名称已包括所在地者外，均须冠写所在地之地名。如各该团体有别名或简称者，须另制参照卡。

（6）凡政府地方机关以及各团体之名称，如有更改，仍应用其著作发表时之名称，但须用其更改之名称制参照卡，并于卡上注明其更改时期。

（7）大学之学院、学系、及科学馆、图书馆、生物馆、地质馆等，均须冠写该大学之名称。

（8）外国政府会社机关及国际组织团体等，应用其确定之中文名称，如未自定，则采用其通行之名，例如"国际图书馆协会联合会"、"红十字会"等。倘书中无中文名，则译出补足之。

第四节　出　版

（1）出版可分为出版期、出版地、出版者、版本、版次五项。

（2）现代出版书籍其出版项以版权叶所载为准，古书出版项以书名叶或书尾所载为准，并须参考各序跋及各家目录以决定之。

（3）影印书、重印书、或翻印书，各记其影印、重印、翻印之时地及发行者，并于附注项注明其所据原书。

（4）某书对于出版项某部分不载，然能从他书考定者，均应载明，惟须于附注项注明其根据。

（5）出版某部分不明，并无法考定者只记其可知之部分。全部不明时，则预留空白以待将来查得时补入。

以上均系出版之一般编目规则，兹再将出版期、出版地、出版者、版本、版次等各种编目法，分述于后：

甲出版期

（1）现代出版之书籍，以其印行年份为出版期，古书以其刊刻年份为出版期。

（2）一书数册，非同时出版，须注明最初最末之年份，如"民国二十四年至二十六年"。

（3）如无出版期，则以注册或审定年为准，但须于年份后附写"注册"或"审定"等字，如"民国二十四年审定"。

（4）若出版年以及注册年、审定年均不明者，则以序跋年份为准；但须于年份后附写"序"或"跋"等字，如"民国十八年序"。

（5）一切年份，如均无法查考，得推定其时期，称"明刻本"、"清刻本"、"民国铅印本"或"明嘉靖年刻本"、"清道光年刻本"，并须于附注项注明其根据。

（6）凡古书曾经修改或增补者，即以修补年份为出版期，称

"某某年修改"或"某某年增补"。

（7）古书往往于刊成若干年后，又增刻序跋或附录，惟正文并未改易。仍须以原刻年份为出版期，惟在其后面，须加注"某年补序"，例如"清嘉庆二年家刻本道光五年补序"。

（8）古书如经重刻，即以重刻年份为出版期，惟在其后面，须加注"某年原刻"等字。

（9）出版期如以干支纪年者，须查出干支之确实年代，并以干支括注于该年代之后，其用公元纪年者，亦照此例。

（10）出版期如在民国以前者，须加注朝代及帝王年号，如"清道光五年"。

乙 出版地

（1）出版地，系载出版所在之市名或县名。

（2）本书出版地不详，然或可从他书推定者，仍应载明其出版地，并须于附注项注明其根据。

（3）出版地如不著名，或同名而易混者，应于其后括注其所属省名。

（4）一书数册，每册出版地不同者，均须分别注明。

（5）古书得注明其刊刻所在地，如"广州广雅书局""吴兴刘氏嘉业堂"等。

（6）凡私人刊刻之书，其所刻地点与其原籍不同者，得将其原籍及所刻地并写，如"上虞罗氏刻于东京"。

（7）出版地不详者，得以出版者之籍贯代之。

丙 出版者

（1）书由出版者发行，即以版权叶中之发行所为出版者。

（2）出版者如不能查明，得用经售处代替，惟须注明"经售处"。

（3）出版者如为私人，即以其人为出版者，并须加注其籍贯于姓氏之上，如"四明张氏""吴兴刘氏"等。

（4）出版者如为某某斋堂书室等名称，亦可用籍贯姓氏加注于此项名称之上，如"吴县潘氏滂喜斋"、"永康胡氏退补斋"等。

（5）出版者如为著名机关，不妨简称；如中华书局，可简称为"中华"；商务印书馆，可简称为"商务"。其他不甚著者，须一律全写。

（6）出版者名称中之累赘字样，得减略；例如会文堂书局，可减去"书局"二字，称会文堂。

（7）古书以刊刻者为出版者。称某某刊行。若其版曾经他人修补者，即以修补者为出版者，并于附注项注明所据之版及增补部分。

（8）著者自行刊刻发行之书籍。可称为"家刻本"，或称"著者刊行本"，或称"某氏家刻本"。

（9）古书之出版者，如无从查得，得称"官刊"、"坊刊"、"家刊"，或视其情形将"刊行"二字，接于出版地或出版年之后。

（10）古书不载刊刻者、修补者或重印者姓名，而题有藏版处者，得著录之，称"某某藏版"。

（11）一书系数家联合出版者，仅写其最著名之一家，并在其后加写"等"字。

（12）一书数册，每册出版者不同，则各出版者均须著录。

（13）书店名或团体名与某代表者之个人名并载时，只采用书店名或团体名。

（14）版权转让，由承继人发行，即以承继人为出版者。

丁版本

某书版本，视下列各条名称中以何者为最适称，即就何者著录之。

（1）以版刻称者，有椠本、刊本、刻本、原刻本、旧刻本、精刻本、写刻本、翻刻本、影刻本、通行本、修补本、活字本、聚珍仿宋本等分别。

（2）以印刷称者，有初印本、后印本、朱印本、蓝印本、套印本、景印本、石印本、铅印本、珂罗版印本、铜版印本等分别。

（3）以字体之形式称者，有大字本、小字本、扁字本等分别。

（4）以书籍之内容称者，有校勘本、节本、批点本、评本、注本、残本、孤本、标点本、增订本、订正本等分别。如为名人批校、评点、节略、增订者，得将其姓名加于各版本名称之上，以示该书之价值；如某某批校本，某某评点本………等。

（5）以钞写称者，有旧钞本、影钞本、写定本、稿本、乌丝栏钞本、朱丝栏钞本等分别。如为名人手钞者，应将其姓名加写于各种版本名称之上，以示该书之价值；如某某手钞本，某某写定本等。

（6）以拓本称者，有初拓本、朱拓本、墨拓本等分别。

（7）以时代称者，有宋刊本、元刊本、明刊本、清刊本等分别。

（8）以刊刻地称者，有监本、经厂本、武英殿本、内府本、局本、坊刻本、蜀本、闽本等分别。

戊版次

（1）版经修改或增补者，谓之另版，以"再版""三版"等字注明之。原书有"改订"或"增补"等字样者，须照录。

（2）重印系指以原版复印而言，与版次不同。寻常重印之次数，得略去不写，只称"重印本"。

（3）原书虽载明再版三版等，但在文字上未加修改者，认作重印本。

（4）一书数册，每册改订或增补之版次不同者，以最后一册之版次为准。

（5）一书数册，其中仅某册曾经改订或修补者，得称"某册改订再版"，或"某册修补再版"。

第五节　稽　核

稽核项可分为卷数、面叶册数、图表、高广、装订、纸张等。卷数须附记书名后，其他面叶册数………等，均依次分记于出版项之后，兹将各种分述如下：

甲　卷数

（1）卷数之计算，以原书目录或序跋所载为准，如目录或序跋均无者，可查各家书目考定之。

（2）古书如不分卷，则于书名后注明"不分卷"，如"《汪水云诗》不分卷"。

（3）古书有因版本不同而分卷亦异者，须于附注项注明之。如元至正刊本《陆宣公奏议》十五卷，可于附注项注明"明刊本分三十二卷"。

（4）每书卷数，如分为数部分者，须将各部分卷数依次分列之。如"《栾城集》五十卷，《栾城后集》二十四卷，《栾城第三集》十卷，《应诏集》十二卷"。"宋苏辙撰，明嘉靖辛丑刊本"。

（5）卷首卷末或序目卷数，未列入正文者，须另计，并附题于原卷数之后，称卷首几卷，卷末几卷，序目几卷。如"《荆州万城堤志》十卷，卷首一卷，卷末一卷"。又如"《古今图书集成》一万卷，序目三十二卷"。

（6）书中某卷系嗣刻者，得于卷数后注明"某卷嗣刻"，若为不全之书，应题"原书共几卷，存某卷至某卷，缺某卷至某卷"。

乙　面叶及册数

（1）单册书籍，应记其面数或叶数。

（2）全书面数或叶数，如系分作数起计算者，应分别记载，但于各组中须添写"加"字。如用阿剌伯数字记录，则添写"＋"号。

66

(3)全书面数或叶数,可分为序目及正文二部分。序目包括序文目录后序及跋等,如某书序文三叶,目录四叶,跋二叶,正文二八六叶,可题称"序目九叶,正文二八六叶"。此外如有索引附表或附录者,均应分别载明。

(4)凡书之无面叶数或面叶数错杂者,应确计其面叶数而注出之。并于附注项注明"面数错杂"或"不标面数等"字。

(5)书在二册以上且各册面数或叶数各自起讫者,则应记其册数,不计面数。但如某书为二册,而二册之面数或叶数相连者,除记其册数外,仍记其面数或叶数。

(6)改装或合订之书,其册数与原册数不符者,应注明;如某书"原六册改装三册"或"原三册合订一册"。

(7)书以函装者,应于册数后注明函数,如某书"十六册(分装二函)"。

丙图表

(1)图表之种类如下:

a 冠图　在正文前之图不计入主要面(叶)数者。

b 插图　在正文中而不计入主要面(叶)数者。

c 附图　在正文后之图不计入主要面(叶)数者。

d 图版　另用较优纸料精印之图,其背面常为空白。

e 肖像　摄影或绘画或雕刻,以显示人之面目者。

f 地图　凡在史地等书中附有重要地图者,应举出之。必要时得另行编目(另详后面舆图编目法。)

g 表　以线条或栏格表示文字数目符号等之关系或同异者,不可与图相混,得另行举出之,如云"有图及表"。

(2)凡插图之有肖像地图等,且在书中占重要地位时,始行注明;如某书"序目几面,正文几面,有插图及肖像"。

(3)记录冠图、插图、附图等,得详其叶数。

(4)凡图之有色者,冠以"彩"字;惟地图及图解之有彩色者,必须有特别重要价值者始注明之。

（5）凡图表大于书叶而折叠于书叶之间者，冠以"折"字。

（6）凡图表之另成一册者，得另计；如"某书二册，另图一册"。

（7）凡书中仅有一二图表，面积不大，且不重要者，可不注明。

（8）凡书之全体主要部分为图表所组成，由书名即可推知其意义者，如画集，表解之类，可不必重举。

丁 高广

（1）测量高广，以公尺为标准。近代新刊书籍，则计其纸面，如（纸面 22 × 13 公分）。古书则计其版匡，如（版匡 21 × 13 公分）。但此项书籍高广之计算，仅限于精印本及善本书籍，普通书籍得从略。

（2）测量书之高度，如有奇零数，自三公厘至七公厘者，均作半公分；逾七公厘者作一公分。

（3）一书之广，不及高度五分之三者，称"长本"。逾高度四分之三者，称"方本"。书之广过于高度者，称"横本"。例如（17 × 10 公分（长本）），（17 × 16 公分（方本）），（17 × 19 公分（横本））。

（4）凡一书数册而各册高广不同者，宜举其高度最小与最大之数，如（24 册，高 16 –22 公分）。

戊 装订及纸张

（1）书之装订有旋风装、蝴蝶装、包背装、平装、精装、线装等分别，均应记载之（各种装订之说明，另详善本书编目法）。

（2）凡书籍用特殊纸张印行者，得注明之，如"开化纸"等。

（3）凡书籍在版权叶或其他地位标有定价者，须将定价列出。

第六节　目　　次

（1）一书包含著者数种不同之作品,应记录其各作品之目次。

（2）一书有数个著者之作品,应将各著者作品之目次记出。

（3）一书有关于本书同样性质之数种作品者,应将其目次记出。

（4）一书书名以其第一篇或其他一篇取名者,应将其目次记出。

（5）一书内作品有涉及数题者,应将其目次记出。

（6）目次之次序,应以原书所载之次序为准。

（7）目次以简明为佳,其中如过于冗长或不甚重要之细目得从略,其删略部分应置"……"符号于其后。

（8）如细目不甚冗长者,可分载于各种目录卡中,否则规定在某一种卡片应记载其目次,其他各种卡片,均须注明"目次见某某卡"等字。

（9）目次中之序跋、编例、导言、索引、引言等,均从略。

（10）原书本无目次,但因内容复杂,有另编目次必要时,得自编目次记录之。

（11）目次中每目之面次或叶次,均不必记,但遇有册次或集次或卷册不同时,得于其每目后分别注明。

第七节　附　　注

目录卡中,除书名、著者、出版、稽核、目次等项目以外,如尚有其他应行注明之处,或以上各项中有未能详尽之处,须加以解释说明者,均得利用附注项注明之。兹规定其重要各项须在附注项中注明者如下,其他应行附注事项,已分述于本书各章者,此处不再赘述,以避重复。此外如尚有附注必要时,得由编目者酌注之。

(1)对于某书之书名,须加以解释说明者,应于附该项注明之。

(2)对于某书之内容,如有提示必要时,应于附该项提示之。

(3)某书中有特异之点,须记出者,应于附注项注明之。

(4)查考某著者姓名之真伪或谬误,须加以说明者,应于附注项说明之。

(5)查考某书之版本,须加以说明者,应于附注项说明之。

(6)某书有残缺、或破损、或经钞补者,应于附注项注明之。

(7)一书除正文以外,尚有其他参考资料者,如参考书目,调查统计、索引、附录、名词表、勘误表等,均应于附注项注明之。

(8)某书有名家藏书印章,或经名人手笔批校者,应于附注项注明之。

第八节　标题目录

将某书所研究之对象,用一二适当名词表出,以便检查者,谓之标题。标题目录之效用甚广,凡某种标题相关之书籍,均得集中于一处,俾阅者检得此种标题时,即可获得此种书籍。如某标题为政治学,则馆内所有政治学之书籍或某书一部分讨论政治学之书籍,均归入于政治学之标题内;阅者依政治学标题检书,即可检得许多关于政治学之书籍。

又如关于盐一类之书籍,有述其化学性质;有述其经营要旨;有述其制造方法;有述其赋税关系,标题时均汇集于"盐"的一类标题内,然后再区分为化学、盐法、制造、赋税等细目,使阅者不必明了分类系统,即可检得该类书籍。习于用此种目录者,可不必需用分类目录。

且标题之效用,不仅使阅者可以查得同类之书籍,凡阅者对某书书名及著者均已忘记,仅知某书属于何种性质时,即可按某性质之标题而检得其所阅之书籍。

书籍内容,如遇有复杂者,若将某书分类,只能入于某一类中;标题目录则不然,可就该书之各种性质各制标题卡,故标题卡能将一书之复杂内容,详尽标明,能补救分类目录之不足。以上系就标题之效用而言,兹进而分述编目法如下:

(1)标题时须采择一种完备准确之标题表以作标准,否则不免陷于纷歧。所谓标题表,系将各标题名称,依一定顺序排列,并注明其相互关系,以便标题时之采择。

(2)标题时须将某书内容用简短明了之名词表出,如阿非利加洲可作非洲;亚美利加洲可作美洲;合众国可作美国。但其简名不甚通行或不易使人知晓者,应仍从旧称;如加拿大不得称为加国,印度不得称为印国。

(3)所用标题宜与该书内容恰合,并须正确,使阅者易于领悟而便检查,故标题须避免过于广泛以及模糊之名词;如《煤业概论》一书之标题,应采用"煤",不应采用"矿产"或"生产"。

(4)标题宜采用较普通名词,生僻以及过于专门之名词,均不可用;如群学应作社会学;名学应作论理学,但须制参照卡。

(5)凡一书所叙述者有数种性质,可采用数种标题;如《分类编目与标题之方法》一书,可采用"分类""编目""标题"等标题,以显示该书之内容。

(6)凡内容相同之书籍,须采用同一之标题;且其所采用标题,须前后相同,不得歧异;如关于煤油之书籍,其标题既用"石油",则此后须一律沿用,不得用"火油"或"煤油"以作标题;但可用"火油"、"煤油"等制参照卡。

（7）标题应将主要名词置于前面，因一般阅者多注意于主要之名词；如"美国教育"一标题，不及"教育——美国"为适当；又如"比较行政"一标题，不及"行政——比较"为适当。

（8）凡个人传记或年谱等书，应以个人名字作标题；如为外国人，则于其后注明其国籍；例如《爱迪生传》一书，当以爱迪生（美科学家）为标题。

（9）标题效用，原系集合散漫材料以便检查，故各标题内所含之字如意义相同者，则其所用之字，亦应相同；如军队、军操、军备等名词，其中或用"军"字或用"兵"字均可，但不宜忽用"军"字忽用"兵"字，如"兵队""军操"……等；因冠称一有歧异，检查者即无所适从。

（10）标题有正目细目之别。细目系在正目之下，再依国籍时代科目区分，例如教育为一正目，因教育范围极广，可再定为"职业教育"、"特殊教育"、"乡村教育"、"民众教育"、"家庭教育"、"学校教育"、"教育行政"、"教育测验"、"教育调查"等。标题正目定后，如仍以此正目为宽泛，可再在正目下用国籍分别；例如教育状况正目之下，可加以国籍之细目，如"教育状况——法国"，"教育状况——德国"，"教育状况——意国"，"教育状况——苏联"等。正目之下，亦可用时代区别者，例如"中国历史——唐"、"中国历史——宋"、"中国历史——元"等。正目之下，亦可用科目分者，例如"哲学——论文"、"哲学——大纲"、"哲学——辞典"、"哲学——原理"等。细目之下，又可以细目区分者，例如《广东教育统计》一书，可制"教育——统计——中国——广东"或"统计——教育——中国——广东"之标题。

（11）有时间性之标题，应附加年代，如滑铁卢战争（一八一五。）

（12）关于帝王个人之记载，以该帝王朝代及庙谥为标题，如《贞观政要》一书，其标题应为"唐太宗"；但须另制参照卡，"如中国历史——唐"参见"唐太宗"。

（13）标题须采用最通行之名词，或由某著名团体所公订者，如中国科学社审定之各种科学名词。或由政府机关订定者，如教育部以及国立编译馆审定之名辞。至其他如中华书局出版之《辞海》、《中华百科辞典》，商务印书馆出版之《辞源》、《百科名汇》等，均可取作参考。

第九节　参照目录

参照目录，用处甚大，既可以补救其他目录之不足，又得因此而知彼，使阅者间接可以检得所阅之书籍。至对于标题之补裨尤广，因标题之性质同而名称异者甚多，事实上不能一一采用，但可用参照卡以参照之。参照卡可分见卡及参见卡二种，兹分述如下：

甲见卡　见卡亦称单纯参照卡，应用处有下列数种：

（1）书名有歧异时，可制见卡以资参照，如"《中说》见《文中子》"，"《通考》见《文献通考》"，"《国策》见《战国策》"，"《石头记》见《红楼梦》"等。

（2）著者姓名有歧异时，亦可制一见卡，以别号笔名等引见其正式姓名，如"鲁迅见周树人"，"饮冰室主人见梁启超"，"南国行人见苏曼殊"，"茅盾见沈雁冰"等。

（3）一书性质可以归入两类时，应制见卡互见于各类之下。

（4）标题名词有歧异时，应就不常用之名词制见卡以引见常用之名词，如"华府会议见华盛顿会议"，"石炭见煤"，"逻辑见论理"等，又可由本题后部引见前部，如"犯罪及罪犯引见罪犯及犯罪"，又可由反题引见正题，如"反基督教见基督教"，"反法西斯主义见法西斯主义"等。

乙参见卡

（1）由范围广泛之标题参见范围狭小之标题，如"小说参见童话寓言""教育参见社会教育、职业教育、特殊教育"等。

（2）标题性质相近者，亦可彼此参见，如"簿计参见会计"，"会计参见簿计"。

（3）由标题参见著者，"如中国国民党参见孙文"。

（4）由专名参见社会团体，如"职业教育参见中华职业教育社"。

第十节　丛书目录

一人或多人所著书籍，有独立性质，经汇集一起，定以总名者，称丛书，唐陆龟蒙自名其诗文为《笠泽丛书》，此即丛书名称之初见，然彼时所称之丛书，系诗文集之别称，与后来丛书之性质有别。宋宁宗时，大学生俞鼎孙集《石林燕语辨》七种刊为《儒学警悟》四十卷，此实为丛书之滥觞。迄乎明代，则有《汉魏丛书》、《唐宋丛书》、《格致丛书》、《津逮秘书》等之辑刻，丛书遂渐为学者所注意。至于清代，丛书之汇刻者更多，如《雅雨堂丛书》、《知不足斋丛书》、《经训堂丛书》、《士礼居丛书》、《贷园丛书》、《守山阁丛书》、《别下斋丛书》等，不胜枚举，丛书既若是繁复，则其在图书馆之位置，实占重要。丛书编目，因其性质及形式之差异，可分汇置、散置二种：

甲汇置丛书编目法

（1）个人所著丛书，或汇刻丛书，因其性质或形式不能分开，应汇置一处。

（2）汇置丛书，应照普通书籍制一编者卡及书名卡，惟书名之后，须举出种数及卷数。

（3）丛书中所收各种书名，应在卡片上目次项中悉数列出，并于每书名后,注明其卷数、册次、册数等。

(4)丛书中各书,应制三种分析卡,即书名分析卡、著者分析卡、标题分析卡等,各卡中应注明各书之卷数、册次、册数等、俾便检索。

(5)丛书中各书,如非同时出版者,应在各分析卡内注明其版期。

乙散置丛书编目法

(1)丛书非成集发行,或数书陆续出版,且各有版权叶者,虽题有某某丛书之名称,皆可作为单行本拆开编目。如中华书局出版之《中华百科丛书》、《大学用书》,商务印书馆之《百科小丛书》、《大学丛书》等,均可拆散,另行编目。

(2)各书均照普通单本书制书名卡、著者卡、标题卡等,并于各卡附注项注明该书系某某丛书本,如《新文化丛书本》、《史地丛书本》等。

(3)散置丛书须制一丛书总卡,在该卡附注项内注明"各单本拆散编目"等字。

第十一节　分析目录

一书如含有原书范围以外之其他重要作品,或原书一部分有裁篇别出之价值者,均应另制分析目录。分析目录之功用,系将一书重要内容、篇章名目及其著者显示阅者。分析目录,有下列三种:

甲书名分析目录　一书中如遇有下列各种情形者,均须制书名分析目录。

(1)丛书杂著以及总集中之书名或篇名。

(2)书籍中篇名,如系小说或剧本,或为阅者所熟知之名称。

（3）数种书合订一本者。

乙著者分析目录　一书中如遇有下列各种情形者，均须制著者分析目录。

（1）丛书杂著以及总集中各书之著者。

（2）书之某篇某章为某著名人所作者。

丙标题分析目录

（1）丛书中各书以及杂著中之著名篇章，均应制标题分析目录。

（2）凡馆中对于某问题之书籍不多，则各书中有涉及某问题之篇章时，均应制标题分析目录。

（3）凡图书馆因特别情形，对于某问题之书籍搜罗特多者，则一切书籍中关于某问题之篇章，亦应尽量编制标题分析目录。

第十二节　书架目录

书架目录或称排架目录，或称函架目录，字面虽异，意义则同。图书馆中之目录种类甚多，其功用均为便于检查，如书名目录，系供检查书名之用者；著者目录，系供检查著者或注释翻译者之用；分类目录，系检查某一类之图书；标题目录，系检查某项问题之图书。以上各种，均可称为单纯目录。若将各种目录混合一起，按字顺笔画或其他检字法排列者，可称为字典式目录。但无论为字典式目录或单纯目录，均属公用目录，均系供阅者查索，至专供馆中编目员典藏员或其他人员之参考者，则只有书架目录。书架目录之功用，约有下列数种：

（1）代表书籍在书架上之位置及显示其数量。

（2）代替分类目录，并供编目时之参考。

（3）可供清查书籍之根据。

(4)可供编印新书报告及簿式分类目录之根据。

(5)可供查考某类书籍之多寡,以作添购书籍之标准。

图书馆如无分类目录,可用书架目录代替。因书架目录与分类目录之编排法完全相同。其不同处,即分类目录有分析参照等目录夹杂其中;书架目录则无之,是因一书在书架上,只有一个位置,如杂以分析参照等目录,必致虚有其号而不能查得其书籍,故舍而不用。至于分类目录,目的在便利阅者检查,故不妨尽量分析,尽量参照。

书架目录在目录柜中如何排列,则书籍在架上亦应如何排列;换言之,书架目录,即书籍排列之缩影。因此一部书籍非俟书架目录制就后,不得随便插架。书籍插架,必须依书架目录之分类次序排列,故书架目录,对于书籍之排列,实有密切关系。

每书必须编一书架目录,但对于复本书籍,不必另制,只须在书架目录卡中,多写登记号数,然后于附注项注明又一部或又二部。但复本书籍之版本,如与第一部不同时,应在附注项"又几部"后注明其版本。

第十三节　分类目录

分类目录与书架目录之编排虽同,但分类目录多分析及参照等卡,书架目录则无之。此种分别,在前节书架目录中已述及。至于分类目录与标题目录,其目的均系将书籍各方面之性质指示阅者。其不同之点,分类目录,系将各书所属之门类概括指出,利在能表现学术之统系,使代表性质相关书籍之目录卡,能排在一处,惟不能细分,是其弊点。标题目录,则能将各书所讨论之各种题目尽量显示。使门类得以细分,是其优点。但此种目录,系按检字法排列,致使性质相同之书籍拆散,是其弊点。故如欲将馆中所藏书

籍,尽量显示,应将分类目录与标题目录并制,以收互助之效。兹将其编目法列举如下:

（1）分类目录,系依图书馆所采某分类法而编制,其排列应照某分类法次序分先后。

（2）每书内容兼涉数类学科者,应制分类分析目录分入各类;例如《战国策》一书,除归入史类外,又应制一子类之分类分析目录卡,以便检查;因该书内容,实与子部纵横家有关系。

（3）分类卡之排列,既依图书分类法之次序,但有时阅者不明了某分类法之号数,致无法检查,故应另制图书分类法之索引卡,放入分类目录柜之最末抽屉内,使不知类号者可先查该索引,然后因索引而查得某类之书籍。

第四章　卡片目录之写法

第一节　卡片之方式

卡片大小之标准,为 5×3 英寸,即高三英寸长五英寸。此标准为欧、美图书馆多年沿用而不变者,公认为最适用且最便于排列之尺寸。卡上有红绿线,分十一格或九格,以便缮写。目录下面有一圆孔,以便贯穿铜条。兹将卡片种种名称,分述如下:

(1)著者线　即为卡片左边第一条红色之直线,凡著者或与著者同等之首字。均由此线写起。

(2)书名线　即为卡片左边第二条红色之直线,凡书名或与书名同等之首字,均由此线写起。

(3)顶线　即为第一条红色之横线,用以区别各项之记载,如著者卡即将著者姓名写于顶线之一格;书名卡或标题卡,即将书名或标题写于顶线之一格。排列卡片时,即以顶线之第一字计算。

(4)项目线　即为各条蓝色之横线,将各卡所应记载项目,逐一填入。

卡片式样如下图。(实线代表红线,虚线代表蓝线。)

		顶　　　　　线
		项　　目　　线
著	书	
者	名	
线	线	
		○　　圆孔

第二节　书名卡

以书名写在目录卡第一行书名线内者为书名卡,其应写项目如下。

(1)书码　系合图书分类号码与著者号码而成,写在卡片左上角第一行(顶线)之间。在线上者为图书分类号码,在线下者为著者号码。

(2)登记号　写在顶线下第三行

(3)书名　书名写在目录卡第一行(顶线)上,从第二直线(书名线)写起,如一行不够写,可在下一行接写,但须从第二直线退右一字写。如书有卷数者,应于书名后加写卷数。书名如有别称者,应在书名后用分号分开,再加写"一名"二字(例一)。

(4)著者　著者姓名自第二行(如书名占有二行者可自第三行写起)第一直线(著者线)写起。如一行不够写,可接写至下一行,但须从第二直线退右一字写。

(5)出版　写于著者下一行,从第二直线写起,依次写版次、出版地、出版处(或经售处)出版期、版本等,但各项中间,须隔一字地位。如一行不够写,可写至下一行,但须从第一直线写起(例一)。

(6)稽核　接写于出版后,但须隔离二字地位,依次写装订、册数、面(叶)数(二册以上不计面(叶)数)、纸面或版匡大小(非贵重书籍不计大小)、图表、定价及其他应记事项等。各项中间,须隔一字地位。如一行不够写,可写至下一行,但须从第一直线写起(例一)。

(7)目次　写于稽核下一行,先写目次二字,次将书中目次逐一写于"目次"二字下一行,其写法有二,举之如下:

a 接写　将目次之名称连续写出;每目后用;号隔开,从第二直线写起;如一行不够,可接写至下一行。但须从第一直线续写(例二)。

b 分写　将目次中之每目名称各写一行,如每目一行不够写,可接写至下一行,但须从第二直线退右一字写(例三)。

每目中之册数或卷数、册次或卷次,须附注于每目名称之后;如一卡不够,可用第二卡续写,但须于第一卡最末一行右角注明"见下卡"三字;并须于第二卡第一行从第二直线起写总书名,又在第一行右角注明"第二卡"三字,其目次次序,均须依照原书登载(例三例四)。

(8)附注　写于稽核或目次下一行,从第二直线写起,如一行不够写,可接写至下一行,但须从第一直线写起(例二)。

书有别称例(一)

书　码		国际经济政策;一名中国对外经济政策之研究
登记号	何	思源著
		初版　上海　商务　民国十六年　铅印本　　精装
	30	面+553面　+19面　定价350元

目次接写例(二)

书　码		浮生六记(霜枫之一)
登记号	沈	复(清)著
		八版　北平　朴社　民国十三年　铅印本　平装
	28	面+114面　+14面　实价0.25元
		目　次
	记	闺房记乐卷一;闲情记趣卷二;坎坷记愁卷三;浪游
		快卷四;中山记历卷五(原阙);养生记道卷六(原阙)
		附注:本书后附有浮生六记年表俞平伯著

目次分写例(三)

书　码		浮生六记(霜枫之一)
登记号	沈 28	复(清)著 八版　北平　朴社　民国十三年　铅印本　平装 面+114 面+14 面　实价 0.25 元 目　次 闺房记乐卷一 闲情记趣卷二 坎坷记愁卷三 浪游记快卷四 中山记历卷五(原阙)　　　　　　　见下卡

第二卡续写(例四)

		浮生六记(枫霜之一)	第二卡
		养生记道卷六(原阙) 附注:本书后附有浮生六记年表俞平伯著	

第三节　著者卡

以著者写在目录卡第一行著者线内者为著者卡,其应写项目如下:

(1)书码　写法与书名卡同。

(2)登记号　写法与书名卡同。

(3)著者　自第一行第一直线写起,如一行不够写,可接写至下行,但须从第二直线退右一字续写。如为合著,则于二著者姓名中间连以"与"字,并于其后附写"合著"二字(例六)。如有注者(例十一)、校者(例十五)、评者(例十三)、译者(例十七)等,均须附写于著者之后,另以注者、校者、评者、译者制副卡(例十二,十六,十四,十八)。又著者后须附注朝代字号及生卒年份(例一)。

(4)书名　书名自第二行(如著者占有二行者可自第三行写起)第二直线写起,如一行不够写,可接写至下一行,但须从第二直线退右一字写。其他应写事项与书名卡同。

(5)出版　写于书名下一行,从第二直线写起,如一行不够写,可接写至下一行,但须从第一直线写起。其他应写事项与书名卡同。

(6)稽核　写法与书名卡同。

(7)目次　除不甚冗长或特别有用之细目须写出外,余可从略,但须注明"目次见书名卡"等字。

(8)附注　写法与书名卡同。

著者卡例（一）

书　码	吴	敬梓（清），字敏轩，一字文木（1701－1754）著
登记号	册	文木山房集（儒林外史作者的遗集） 上海　亚东图书馆　民国二十年　仿宋本　线装2 版匡高16公分半阔十公分　定价1.20元 附注：前有胡适重印序及后记

书有注译者并列例（二）

书　码	袁	枚（清），字子才，号简斋，又号随园（1716－1797）著 章荣注译
登记号	面	小仓山房尺牍八卷 上海　世界　民国二十五年　铅印本　精装　9＋ 410面　定价0.30元 附注：书名页及版权页均题广注语译小仓山房尺牍

注译者另制副卡例(三)

书　码		章荣注译
登记号	袁 410	枚(清)字子才,号简斋,又号随园(1716–1797)著 小仓山房尺牍八卷 上海　世界　民国二十五年　铅印本　精装9面+面　定价0.30元 附注:书名叶及版权叶均题广注语译小仓山房尺牍

书有编者并列例(四)

书　码	高	启(明),字季迪(1336–1374)著,徐庸编
登记号	高	高太史大全集十八卷 明景泰刊本　线装　每半叶十行,行二十字　版匡 十八公分半　阔十二公分　十册

编者另制副卡例(五)

书　码		徐庸(明)编
登记号	高 高	启(明),字季迪(1336－1374)著 高太史大全集十八卷 明景泰刊本　线装　每半叶十行,行二十字　版匡 十八公分半阔十二公分　十册

二人合著例(六)

书　码	何	廉与李锐合著
登记号	行)	财政学 再版　上海　商务(南京国立编译馆出版,商务发 民国二十四年　铅印本　精装　16 面＋495 面　定 价3.00 元

二人合著副卡例（七）

书　码	李	锐与何廉合著
登记号	民	财政学 再版　上海　商务（南京国立编译馆出版,商务发行） 国二十四年　铅印本　精装　16面＋495面　定价 3.00元

二人合编例（八）

书　码	龚	礼贤与陈震飞同编
登记号	127	生物学实验法 上海　商务　民国二十三年　铅印本　平装　8面＋ 面＋14面　定价0.60元　有插图,表及格式

二人合编副卡例(九)

书　码	陈	震飞与龚礼贤同编
登记号	＋	生物学实验法 上海　商务　民国二十三年　铅印本　平装　8 面 127 面＋14 面　定价 0.60 元　有插图,表及格式

三人以上编者例(十)

书　码	周	之淦等编
登记号	10	教育入门 十版　上海　中华　民国二十年　铅印本　平装 面＋148 面　定价 0.50 元　附图9,表6 附注:新师范教科书之一

书有注者例(十一)

书　码	王	维(唐),字摩诘,(699－765)著,赵殿成(清),字松谷笺注
登记号	元	王右丞集 上海　中华　聚珍仿宋版　线装　六册　定价2.20 附注:四部备要单行本

注者另制副卡例(十二)

书　码		赵殿成(清),字松谷笺注
登记号	王 元	维(唐),字摩诘,(699－759)著 王右丞集注 上海　中华　聚珍仿宋版　线装　六册　定价2.20 附注:四部备要单行本

书有评点者例(十三)

书　码	王	弼(晋),字辅嗣,(226-249)注,严复评点
登记号	本	老子道德经 南昌　熊元锷发行　清光绪三十一年　铅印朱墨套 平装　10面+35面+42面　纸面22×15公分　定 价0.50元

评点者另制副卡例(十四)

书　码		严复评点
登记号	王	弼(晋),字辅嗣,(226-249)注 老子道德经
	本	南昌　熊元锷发行　清光绪三十一年　铅印朱墨套 平装　10面+35面+42面　纸面22×15公分　定 价0.50元

书有校订者例(十五)

书 码	无	名氏(明)原著　卢冀野校订
登记号	叶	词谑 上海　中华　聚珍仿宋版　线装　3 叶 + 17 叶 + 63 + 3 叶 + 3 叶　定价 0.40 元 <div align="center">目　次</div>词谑;词套;词乐;词尾

校订者另制副卡例(十六)

书 码		卢冀野校订
登记号	无 叶	名氏(明)原著 词谑 上海　中华　聚珍仿宋版　线装　3 叶 + 17 叶 + 63 + 3 叶 + 3 叶　定价 0.40 元 <div align="center">目　次</div>词谑;词套;词乐;词尾

书有译者例(十七)

书　码	莎	士比亚,威廉(英国 Shakespeare William)著,顾仲彝译
登记号	定	威尼斯商人 上海　新月　民国十九年　铅印本　精装　250 面 价 0.50 元 原书名:Merchant of Venice

译者另制副卡例(十八)

书　码		顾仲彝译
登记号	莎 定	士比亚,威廉(英国 Shakespeare,William)著 威尼斯商人 上海　新月　民国十九年　铅印本　精装　250 面 价 0.50 元 原书名:Merchant of Venice

原文著者卡例（十九）（排入西文卡中）

书　码	Sh	akespeare, William
登记号	莎 定	Merchant of Venice 士比亚,威廉(英)著,顾仲彝译 威尼斯商人 上海　新月　民国十九年　铅印本　精装　250 面 价 0.50 元

原文书名卡例（二十）（排入西文卡中）

书　码		Merchant of Venice
登记号	Sh 莎 定	akespeare，William 威尼斯商人 士比亚,威廉(英)著,顾仲彝译 上海　新月　民国十九年　铅印本　精装　250 面 价 0.50 元

第四节　标题卡

标题卡所写各项与书名卡同,惟多记标题一项。

(1)书码　写法与书名卡同。

(2)登记号　写法与书名卡同。

(3)标题　须用红色墨水写,自第一行第二直线写起,如一行不够写,可接写至下一行,但须自第一直线续写。又标题细分时,前后两名词,应以短横线隔开。

(4)著者　写于标题下一行,自第一直线写起,其著录从简法。如有注者、校者等,即于著者后空二字地位续写,如一行不够写,可接写至下一行,但须自第二直线退右一字续写。

(5)书名　写于著者下一行,写法与书名卡同。

(6)出版　写于书名下一行,写法与书名卡同。

(7)稽核　写法与书名卡同。

(8)目次　目次从略,但须注明"目次见书名卡"。

(9)附注　写法与书名卡同。

标题卡例(一)

书　码		中国文学——历史与批评
登记号	陈	怀著
		中国文学概论
		上海　中华　民国二十年　铅印本　平装　2面+
	52	面+4面　又冠图　定价0.25元

一书可标数题例(二)

书　码	保甲	
登记号	李	宗黄著 现行保甲制度 上海　中华　民国三十二年　铅印本　平装　6面 +194 面　定价 3.20 元

一书可标数题例(三)

书　码	地方自治	
登记号	李	宗黄著 现行保甲制度 上海　中华　民国三十二年　铅印本　平装　6面 +194 面　定价 3.20 元

第五节　参照卡

（1）原款目须自第一行第二直线写起,如一行不够写,可接写至下一行,但须自第二直线退右一字续写。

（2）原款目后空一字,或于原款目下一行空一字写"见"或"参见"字样。

（3）见或参见之款目，写在"见"或"参见"下一行，自第一直线写起（例一）。

（4）如有数个应见或应参见之款目，其写法有二：一为接写，即自第一款目起连续写出，每款目中间须用；号隔开。一为分写，即将各款目依次分行写出（例十二）。

（5）见或参见各款目，如属于标题款目者，须与标题原款目同一颜色，如原款目用红色墨水写者，则互见各款目，亦须用红色墨水写。

（6）参照卡除分类参见卡应将书码及登记号列出外，其他如书名异见、著者异见、标题异见、标题参见等，均不必列出。

（7）制参照卡时，对于应见或应参见之各款下，图书馆内必须备有是项图书，以便查索者之借阅，否则便失却标题效用。

书名异见例（一）

		欧阳文忠全集
	居	见 士集

97

书名异见例(二)

		无量数世界变相
	上	见 下古今谈

书名异见例(三)

	钦	定
		凡书名冠有钦定二字者排卡时均不计算

书名异见例(四)

	新	中华丛书
		书名前冠有新中华丛书等字者排卡时概不计算

书名异见例(五)

	大	学用书
		书名前冠有大学用书等字者排卡时概不计算

著者异见例（六）

		鲁迅
	周	见 树人

著者异见例（七）

		饮冰室主人
	梁	见 启超

著者异见例（八）

		渔洋山人
	王	见 士禛

著者异见例（九）

		王士禛
	王	见 士禛

标题异见例（十）

		中国历史
	历	见 史——中国

标题异见例（十一）

		太平洋会议
	华	见 盛顿会议

标题参见例（十二）

		教育
	社 职 特	参见 会教育 业教育 殊教育

标题参见例（十三）

		簿计
	会	参见 计

标题参见例(十四)

		三民主义
	孙	参见 中山

标题参见例(十五)

		印刷业
	中	参见 华书局

分类参见卡例(十六)

201.5		教育心理学
242	郭	一岑与吴绍熙合编
		上海　中华　民国二十四年　铅印本　平装　17 面
27890	+	294 面 +6 面　定价 1.00 元
		附注:(1)本书亦分入教育的心理测验 157.82
	(2)	本书系新课程　标准师范用书

210.5 – 242 系代表教育心理及郭一岑之书码

分类参见卡例(十七)

157.82		教育心理学
242	郭	一岑与吴绍熙合编
		上海　中华　民国二十四年　铅印本　平装　17 面
27890	+	294 面 +6 面　定价 1.00 元
		附注:本书系新课程标准师范用书
书在		
201.5		
242		

157.82 – 242 系代表教育的心理测验及郭一岑之书码

第六节　丛书卡

丛书卡写法,可分汇置及散置二种:

甲汇置丛书卡　此项卡片,可分为总目及分析二种:汇置丛书总目卡,又可分为汇置丛书书名总目卡,汇置丛书编者总目卡,汇置丛书标题总目卡三种;即为丛书总称之书名、编者、标题等卡。汇置丛书分析卡,又可分为汇置丛书书名分析卡,汇置丛书著者分析卡,汇置丛书标题分析卡三种;即为丛书子目之书名、著者、标题卡。

(1)汇置丛书书名总目卡　与单本书书名卡写法相同,惟于稽核项册数前加写该丛书所收各书之种数。又于目次项将丛书子目之书名,依次写出,其写法照下列各项规定:

a 每种书名均自第二直线写起,如每种书名一行不够写,可接写至下一行,但须自第二直线退右一字续写。

b 书名后空一字,接写著者姓名(例一)。

c 著者后空一字,接写卷数(例一)。如丛书子目各书卷数连接者,应于卷数后空一字接写卷次。

d 卷数(或卷次)后空一字,接写册数(例一)。如某种书与他书合订者,应于册数后用括弧注明"与某种书合订"等字。

e 如各种细目,一卡不够写,可用第二卡续写,但须于第一卡最末一行之右角注明"见下卡"三字,并须于第二卡第一行从第二直线写丛书名,又在第一行右角注明"第二卡"三字。其书名次序,均须依照原书目次登载,不得凌乱(例一例二)。如原书目次中某种书有"嗣刻"或"未刻"或"阙"等字者,须照记。

(2)汇置丛书编者总目卡　写法与单本书著者卡相同,惟于稽核项册数前加写该丛书所收各书之种数。目次项不必将子目之各书名等一一记载,仅注明"丛书子目见汇置丛书书名总目卡"即可(例三)。

(3)汇置丛书标题总目卡　写法与单本书标题卡相同,惟于稽核项册数前加写该丛书所收各书之种数。目次项之记载,与汇置丛书编者总目卡相同(例四)。

(4)汇置丛书书名分析卡　写法与单本书书名卡相同,惟出版项从略。稽核项仅写册数,附注项须注明某某丛书第几种第几册(例五)。如卷数与他书相连者,并须注明第几卷。如丛书分集者,须于第几种前注明"第几集"。

(5)汇置丛书著者分析卡　写法与单本书著者卡相同,其他出版、稽核、附注等项,均与汇置丛书书名分析卡相同(例六)。

(6)汇置丛书标题分析卡　写法与单本书标题卡相同,其他出版、稽核、附注等项,均与汇置丛书书名分析卡相同(例七)。

乙散置丛书卡　丛书非成集发行,或数书同时合刻合印而陆续出版,且各有版权叶者,虽题有某某丛书之名,皆作为单行本,依单行本编目。惟须于附注项注明"某某丛书本"(例九例十例十一),如中华书局出版之新文化丛书、史地丛书等,均须拆散编目,于附注项注明"新文化丛书本""史地丛书本",并须用该丛书总名制一散置丛书总卡以资参照(例八)。

汇置丛书书名总目卡例(一)

书 码		邃雅斋丛书
登记号	董装	金榜辑 北平琉璃厂　邃雅斋　民国二十三年　影印本　线 　八种　十册　装一函 <div align="center">目　次</div>三传辨疑　焦廷琥　四卷　一册 孔子三朝记　洪颐煊　七卷　一册 通俗文　臧镛　一卷　一册 史记释疑　钱唐　三卷　一册 尚友记　汪孟慈　不分卷　一册 师友渊源记　陈奂　一卷　一册 <div align="right">见下卡</div>

汇置丛书书名总目卡例(二)

书 码	邃雅斋丛书	第二卡
登录号	汪孟慈文集　汪喜孙　不分卷　一册 筠轩杂钞　洪颐煊　八卷　三册	

108

汇置丛书编者总目卡例(三)

书　码	董	金榜辑
登记号	装	邃雅斋丛书 北平琉璃厂　邃雅斋　民国二十三年　影印本　线 　八种　十册　装一函 目　次 丛书子目见汇置丛书书名总目卡

汇置丛书标题总目卡例(四)

书　码		丛书——中国
登记号	董 装	金榜辑 邃雅斋丛书 北平琉璃厂　邃雅斋　民国二十三年　影印本　线 　八种　十册　装一函 目　次 丛书子目见汇置丛书书名总目卡

汇置丛书书名分析卡例(五)

书　码	志雅堂杂钞二卷	
登记号	周	密(宋)著 一册 附注:粤雅堂丛书第三种第五册

汇置丛书著者分析卡例(六)

书　码	周	密(宋)著
登记号		志雅堂杂钞二卷 一册 附注:粤雅堂丛书第三种第五册

汇置丛书标题分析卡例(七)

书　　码		笔记——宋代
登记号	周	密(宋)著 志雅斋杂钞二卷 一册 附注:粤雅堂丛书第三种第五册

散置丛书总卡例(八)

		大学用书
		上海　中华 附注:各单本均拆散编目

散置丛书单行本书名卡例(九)

书　码		中国民法继承论
登记号	郑	国楠编 上海　中华　民国三十四年　铅印本　平装　18 面 +196 面　定价 3.90 元 附注:大学用书本

散置丛书单行本著者卡例(十)

书　码	郑	国楠编
登记号		中国民法继承论 上海　中华　民国三十四年　铅印本　平装　18 面 +196 面　定价 3.90 元 附注:大学用书本

散置丛书单行本标题卡例(十一)

书 码		继承法——中国
登记号	郑	国楠编 中国民法继承论 上海　中华　民国三十四年　铅印本　平装　18 面 +196 面　定价 3.90 元 附注:大学用书本

第七节　分析卡

分析卡可分为书名、著者、标题、分类四种,兹分述如下:

(1)书名分析卡写法　书名与著者之写法与普通书同。出版期如与全书出版期不同时,可写出。如无卷数册数者,可从略。最末须写分析见注,分析见注之写法如下:

由第二直线写"见"字,次写总编者及总书名,次将分析书之卷次册次写出,其出版项及稽核项从略(例一)。

(2)著者分析卡写法　著者与书名之写法与普通书同。出版稽核及分析见注等之写法,与书名分析卡同(例二)。

(3)标题分析卡写法　标题之选择及写法,均与普通书同,其他著者、书名、出版、稽核、分析见注等写法,均与著者分析卡同(例三)。

（4）分类分析卡写法　书名、著者、出版、稽核、分析见注等写法，均与书名分析卡同。惟须于登记号下隔一行，写明"书在某码"等字，又须于卡片之左下角写明"分析书码系代表某类及某著者号码"（例四）。

书名分析卡例（一）

书　码		社会的地理基础
	黄	国璋编
		见孙本文:社会学大纲第一册第三种
登记号		

著者分析卡例（二）

书　码	黄	国璋编
		社会的地理基础
		见孙本文:社会学大纲第一册第三种
登记号		

标题分析卡例(三)

书 码		人类学——史地
登记号	黄	国璋编 社会的地理基础 见孙本文:社会学大纲第一册第三种

分类分析卡例(四)

574.9		人类起源
1 登记号 书在 390.1－ 202	游	嘉德 见孙本文:社会学大纲第二册第八种

574.9－1系代表人类史地学及游嘉德之号码

第八节　书架卡

（1）书架卡写法与书名卡写法相同,惟书名及著者均用简法。出版仅写出版期。稽核仅写卷册数。目次从略。但须注明"目次见书名卡"（例一）。

书架卡例（一）

书　码		社会学大纲
登记号	孙	本文主编,杨道开等著 民国二十年　二册 <div align="center">目　次</div>见书名卡 附注:又一部（24356）再版 <div align="right">民国22年4月5日向世界书局购进</div>

（2）如有复本,应于附注项注明"又一部"等字,并将该复本书登记号用括弧注明于又一部之后,版次如与第一部不同者,将版次写于登记号之后（例一）。

（3）书架卡之最末一行右端,应写明该书之进馆年月日及何处购何人赠等字（例一）。

（4）书架卡背面,应注明每书所制之卡片有若干种共几张（参照卡不必计入）（例二）。

书架卡背面写法例(二)

本书共有卡片三张如下:
书名卡　一张
著者卡　一张
标题卡　一张

第九节　分类卡

分类卡写法与书名卡同,惟目次从略,须注明"目次见书名卡"等字,例如下卡:

书　码		社会学大纲
	孙	本文主编,杨开道等著
		再版　上海　世界　民国二十年　铅印本　精装
登记号		二册　定价9.00元
		目　次
		见书名卡

第五章　善本书编目法

第一节　善本书与普通书之区别

　　善本书之范围,约可列为刊本、钞本、印本三种。以刊本论,则有宋、元、明刊本,清与民国之精刻本、影刻本等。以钞本论,则有宋、元、明旧钞本,清与民国之精钞本、影钞本等。以印本论,则有清代石印本之绝精者,其他有影印本、珂罗版印本、聚珍仿宋本等。

　　善本书与普通书之区别,约有数端:一、善本书之精者,其书中文字甚少错误,盖大多数经名人广稽众本审慎校勘者,足供校勘家之参考。普通书之参考,未必尽如善本书之精。《楹书隅录》第三卷《敕先典校宋本管子题记》谓:"古今书籍,宋版不必尽是。时刻不必尽非,然较是非以为常,宋刻之非者居二三,时刻之是者无六七,则宁从其旧也。"由此可知宋版善本书之足贵。二、善本书写刻俱工,纸质墨光,香润可爱,实为吾国雕刻艺术之上乘,故历来鉴赏家,竟至佞宋成风,视为镶宝;普通书雕刻,即不能一一俱臻美备。三、善本书因刊刻年代悠久,流传渐稀,一部分则被藏书家珍藏,秘不示人,购求或借阅,殊非易易,现国内虽有几处公立图书馆,有善本书目之编行,然仅可供编目之参考,不能供普遍之借阅,是以一般阅者,鲜能时与善本书接触,此实为学术界一大缺憾;至于普通书籍,则流传较广,购求与借阅均较易,是则普通书之效用,反较善本书为大。四、善本书多有名人题跋藏家印记,可以考证该

118

书流传之经过，以及年代之递嬗；普通书殊少是项印记及题跋。

第二节　善本书编目与普通书编目之区别

善本书为便于鉴别版本、提示内容、并考订著者略历，以期永久流传，必须特编善本书目。盖善本书非如普通书之易于购备，其典藏与出纳，自应与普通书有别，故其编目亦与普通书不同。

普通书之编目，若能答以下数问，即属完美。一、问有是书否，但问其书名也。二、问有某人著之某书否？恐其书名同而著者不同也。三、问有某著者所著之各书否？盖不定其为某书也。四、问某人之书，有为其注疏、音义、翻译者否？盖求其全也。五、问有某种之书否？盖欲求关于一事一物之书也。六、问有某类之书否？盖欲求各类与其所属之书也。七、问某类之书，有其他足供参考者否？盖欲博考旁通也。八、问某书之内容版本如何？所以供选择也。九、问某书在何处？盖欲取而阅之也。是则普通书之编目，其目的在便于检查，故各种目录，如书名、著者、标题等，须多制备；但须简明扼要，易于寻索。至于善本书目则不然，除如普通书所具最要目录外，应考究版本之先后，钞校之精粗，音训之异同，字画之增损，授受之源流，翻摹之本末，影刻或影印之根据，篇第之多寡，行幅之疏密，行字之数目，刻工之姓名，装缀之优劣，均须一一记载，尽著录之能事，以传其真实；使人一见是目，即可知是书确为某版本，更使人见目如见书，凡此均为善本书编目者所宜注意也。且有宋以降，刊本流行，各家所藏，虽有同出一梓者，然印有先后，版有清晰，有漫漶，不能视同一律，至于纸幅装帧，题识印记，因流传之久远，各表现其特殊之点；旧钞影写之精者，尤为精贵，是则统须据藏本之实况，作精密之考订，编目时亦不可不注意也。

第三节　善本书编目之沿革

　　自南宋尤袤《遂初堂书目》创记版本之例,历代相沿,直至清初,无多变更。然阅者病其太简,无由知其全豹。钱曾《读书敏求记》,对于版本印记,言之綦详,是则善本书之编目体例,粗具规模。乾隆四十年,《天禄琳琅书目》编成,其每书著录如下:一、举篇目;二、详考证,于刊刻言之綦详;三、订鉴藏,详述收藏家题识印记,并一一考其时代爵里,以辨别授受之源流;四、胪阙补。此实为官书目录言版本之始,亦实为官藏善本书编目之体例也。

　　私家之研究善本书编目规则者,则首推孙从添之《藏书纪要编目》项。其所订事项如下:"……一编大众目录,分经史子集,照古今收藏家书目行款,或照《经籍考连江陈氏书目》俱为最好,可谓条分缕析精严者矣。前后用序跋,每一种书,分一类写,某书若干卷,某朝人作,该写著者、编者、述者、撰者、录者、注者、解者、集者、纂者,各各写清,不可混书。系宋版、元版、明版、时刻,宋元钞、旧钞、明人钞本、新钞本、一一记清。校过者写某人校本,下写几本或几册,有套无套。……二编宋元刻本、钞本目录,亦照前行款式写,但要写明北宋、南宋、宋印、元印、明印本、收藏跋记、图章姓名、有缺无缺、校与未校,元版亦然。……精钞、旧钞、宋人钞本、秘本书目亦照前行款式写,但要写明何人钞本。记跋、图章、姓名、有缺无缺、不借本、影宋钞本、有版无版、校过者书某人校本,或底本、临本,录成一册。……"此项编目规例,实为历来善本书编目之最完备者。

　　自乾嘉迄乎光宣,旧椠之推崇,书录之繁杂,为历来所未有。至于考据之精审,叙述之周详,或书目,或书志,或题记,或题跋,专书著录,可谓善本书编目最详尽之时代。其中有关于讨论编目之学说者,可于王芑孙黄荛圃《陶陶室记》窥之,其言曰:"今天下好宋版书,未有如荛圃者也。荛圃非惟好之,实能读之,其于版本之后先,篇第之多寡,音训之异同,字画之增损,及其授受源流,翻摹本末,下至行幅之广狭,装缀之精粗敝好,莫不心营目识,条分缕析。"读此可以窥悉荛圃对于善本书编目之一斑。缪荃孙有《清学部图书馆善本书目》之编辑,此实为图书馆善本书目之滥觞。又缪氏关于善本书编目之见解甚为透辟,如所云:"先举书名,下注何本,举撰人之仕历,述作者之大意,行款尺寸,偶有异同,必详载之,先辈时贤手跋,校雠岁月,源流所寄,悉为登载,使人见目如见此书,收藏印记,间录一二,不必备载也。"

惜历来从事于善本书编目者,无一定之格式,或言之太繁,或失之过简,编目者苦于无所适从。中华图书馆协会善本调查委员会所订调查旧椠之表格,其所举各项,录之如下,以备参考。

书名并撰人姓氏　卷数册数及页数　半页几行行几字　版匡高宽　刊本有无年月印处可考　阙笔避讳字样　刊有何人序跋　有何木记　有无书耳　刻工姓名　版心格式及字样　装订式　纸色若何　字体若何　阙叶若干　钞配刊配若干　有无蛀损　见于某某著录　曾藏某某几家　现在某省某县某某之处　收藏图记若干　某某手书题识　有无朱墨校点　曾经某某影刻或影印　曾见某某书影

以上各项,较之历来编善本书目者为有条理,足供编目者之参考。惟该表格系为调查旧椠而定,间有不合于编目之处,是在编目者之酌为取舍耳。

第四节　善本书编目之通例

善本书著录繁细,非卡片目录所可备载,故宜另编书本目录以备查阅。其排比之次第,或以类次,照四部排列;或以刊刻时代次,照宋、元、明各代排列;或首析其为刊本与写本;或仅据其入藏之先后;就中最便检查者,实为依分类排比为佳;盖是项簿录,其目的在辨章学术考镜源流,非徒供鉴赏而已。至于欲求检查之便利,不妨另制书名卡、著者卡、标题卡、参照卡、分析卡等混合而成为字典式目录。其各卡之编写规则,可照普通书籍题写,不过在附注项须注明"其他事项详载善本书书本目录",兹为便于参考计,酌定善本书编目时应宜著录各点,分条列举如下,惟欲详欲简,编目者可自行酌定,不必拘泥也。

(1)书名

(2)著者

(3)出版　包括刊刻时、刊刻地、刊刻者、版制等。

(4)篇卷　包括卷数、册数、叶数、篇目等。

(5)款式　包括行格、高广、边栏、版口、象鼻、鱼尾、中缝等。

(6)字体　包括讳字、异字、古体、俗体、楷书、匠体、行草隶篆、大小、写刊等。

(7)章句符号　包括句读、篇章、符号、墨匡、阴文、旁抹、阙文符号(白匡、墨等)等。

(5)标记　包括口题、耳题、栏外题、插图、书牌等。

(9)纸质墨色　包括棉纸、桑皮纸、麻纸、白皮纸、罗纹纸、宣纸、毛边、毛太、开化纸、楪背纸、墨色等。

(10)装订　包括装式(旋风装、蝶装、包背装、线装、毛装、平装、精装、和装、高丽装)、订术(衬线、镶衬、包角、订线)、护封(副

122

叶、封面、书衣、书签、函盒)等。

(11)藏印及丹黄 藏印,包括地位、文字、大小、款式、印色等。丹黄,包括标点、批注、校勘、题识等。

(12)序跋解题与鉴藏。

第五节　考定书名与著者

书名所以便称说,有名同而实异者,有名异而实同者,有详名、有简名、有初名、有易名,凡此衍变,皆当追溯本源,为之厘定。

明人刻书,往往改头换面,节删易名,唐刘肃《大唐新语》,冯梦祯刻本改为《唐世说新语》。又如阮阅"《诗总》"改作"《诗话总龟》",皆当照本书所改之名记录,惟须附注原名于该书名之后。至于一般规则,悉照普通书之规定。

著者之考定,亦与普通书编目最详式相同。除姓名字号外,应记其生卒、籍贯、仕历、传记见于何书,著书之考证等;均须就查考所及,一一记明。

第六节　考查版本

善本书之版本,极为复杂,兹就其较显著者,分项述之如下:

甲依刊刻时代而定者 如宋绍熙(光宗)五年(庚戌)刊本,元至治(英宗)三年(辛酉)刊本等,如年代无法查考,得推定其时期,称元刊本、明刊本等。

乙依刊刻处所而定者 如蜀本、闽本、高丽本、日本刻本、官刻本、家刻本、监本、经厂本、武英殿本、内府本、局本、坊刻本等。

(1)蜀本 四川刻本,称"蜀本",如宋蜀刻七史,历世最久。

（2）闽本——麻沙本　福建刊本，称"闽本"，亦称"麻沙本"，因南宋时福建南部盛产榕树，榕树质软，故刊板亦易。《石林燕语》云："天下印书以杭州为上，蜀本次之，福建最下，所称福建本，即麻沙本也。"

（3）高丽本　即刊于高丽之书籍。

（4）日本刻本　即刻于日本之书籍。

（5）官刻本　官署刊印之书称官刻本，如宋秘书监、茶盐司、漕司、郡庠、县斋以及州府县，均有刻书。元则各路儒学、府学亦皆刊印书籍。明则南北两监诸藩府、如蜀府刻刘向《说苑》，代府刻《谭子化书》，崇府刻《李肃包公奏议集》，肃府刻刘因《静修先生集》等。

（6）家刻本（家塾本书塾本）　书籍之刊于私家或家塾者，称家刻本，或书塾本，家塾本等。如宋建安陈彦甫家塾，庆元丙辰刻叶赉《圣宋名贤四六丛珠》一百卷，又如宋婺州市门巷唐宅刻《周礼郑注》十二卷。

（7）监本　国子监所刻之书省称监本，始于后唐冯道，请令判国子监田敏校正《九经》刻板印卖，见《五代史》。明南北两监皆刊经史，故有"南监本""北监本"之称。惟南监诸史本，合宋监及元各路儒学版凑合而成，年久漫漶，则罚诸生补修，以至草率不堪，并脱叶相连，亦不知其误。北监即据南本重刊，谬种流传，不可为训也。

（8）经厂本　明司礼监所刻书，见于《经厂书目》，世所传经厂大字本，如《五经四书》，《性理大全》等。然颇为藏书家所诋斥，以其出于阉宦之手也。

（9）武英殿本　武英殿刊本，亦简称"殿本"。武英殿在清宫内，清乾隆初，校刊十三经二十二史于此。殿本校刊最精。人以善本书目之。

（10）内府本　有清之时，凡御定及勅纂之书，如《御纂周易折中》、《御定通鉴纲目三编》，皆由内府刊行，称"内府本"，刊印均精。清礼亲王《啸亭杂录续录》，载有内府刻书目录甚详。

（11）局本　各省官书局所刻之书，称"局本"。清同治时曾国藩创金陵书局于江宁，雕印经史。江苏、江西、浙江、福建、广东、湖南、湖北等省皆仿为之。书目之著录"局本"，皆应冠以地名，如"金陵局本""浙江局本"等。

丙依版刻而定者

（1）原刻本　即原书最初之刻本也。俗谓原刻本，校对精确。重刻本每多讹误。实则清代校勘学较前代为精，古本重刊者精审或有胜于原刊。

（2）旧刻本　不详年代之刻本，例称"旧刻本"。实则刻本之佳者，虽远在宋、元，亦能辨其时代，此则仅用以记普通较旧之刻本而不详时代者用之耳。

（3）精刻本　亟言其刻版之精也。宋、元刻书，其书稿皆出诸士大夫之手，故其字体，遒劲可爱。明以后，书稿委之坊间，书法粗劣，一般书工，专写层廓字样，谓之宋体，庸劣不堪。清初刻官书或家刻等，均倩善书者书稿，然后付刻，如许刻《字鉴》及《六朝文絜》等，均为精刻本。

（4）写刻本　与上述意义略同，惟书法出自名人者，则须著录其所书之人；如宋苏东坡写《陶诗》，元金华宋璲写《渊颖吴先生集》，清林佶写《渔洋山人精华录》、《尧峰文钞》等。

（5）翻刻本（覆宋本覆元本）　版刻日久易损，欲广其传，惟恃翻刻本。翻刻之精者与原刻本无异，盖先影写而后上版。以宋版翻刻者称"覆宋本"；以元版翻刻者称"覆元本"。

（6）修补本　刊版日久，难免漫漶破烂，因从而修补之，称修补本。其版心版匡及字体等，因修补之时代不同，刊工非出一人之手，甚易鉴别，且有补刊特予注明年代者。

（7）活字本　吾国活字本，起源甚早。叶德辉《书林清话》云：

"活字板印书之制,吾窃疑始于五代。"又云:"活字印书,盛行于两宋,刻泥刻本,精益求精。"是可知活字在宋代已盛行矣。元王桢刊农书,亦用活字板。至明则活字本更多,最著者为锡山华氏兰雪堂会通馆所印活字诸书。此种活字术,有流传于朝鲜者,称朝鲜活字本。

(8)聚珍本　即活字印行之一种。清乾隆时以活字印行《武英殿聚珍版丛书》,因病活字之名不雅,改称"聚珍版"。

(9)配本　合版本不同之书以配成全书者称配本。如金陵、淮南、江苏、浙江、湖北五官书局刻本合成之《廿四史》,书虽完全,版本则不一律。

(10)百衲本　以断碎不全之各种版本配合成书,称百衲本。如傅增湘印行之《百衲本资治通鉴》是。至于商务印书馆影行之《百衲本二十四史》,实则为配本。

丁依印刷方法而定者

(1)初印本　雕版最初所印者称初印本,字迹清晰,边匡完整,藏书家多以初印本为上选。

(2)后印本　此别于初印本而言。凡后印本字迹漫漶,边匡不整,墨色亦较淡。

(3)朱印本或蓝印本　一般书籍,雕版初成,最初印刷之若干部,例以朱色或蓝色印之。

(4)套印本　始于明季。如明季闵齐伋凌濛初凌瀛初等所刊诸书,均以墨印字,以朱评点,两色相套,实为套板之滥觞。有朱、墨、蓝三色套印者,如《古诗归》、《唐诗归》等。有朱、墨、蓝、黄四色套印者,如凌瀛初所刻之《世说新语》。有紫、蓝、朱、绿、黄、墨六色套印者,如卢坤所刻之《杜工部集》。

(5)影印本　先用某种精刻本,逐叶摄影,次用石印之法印成,称为影印本。

(6)珂罗版印本　将原书摄影后,露光于精制之玻璃上,用以印刷之照相版。亦称玻璃版印本。

(7)铜版印本　铜版印书,五代已有之。

戊依书籍内容而定者

(1)校本　藏书家有以善本校通行本者,则经校之通行本,称校本。校录人姓名如记在该书者,称某氏校本。

(2)节本　某书经删节后而刻者,称节本;如吕祖谦之《十七史详节》是。

(3)批点本　凡书经批评点窜者,称批点本。批点者如记入于该书中,则称某氏批点本,如刘辰翁批点《杜子美集》是。

(4)评本　凡经批评之书籍,称评本。批评者如记入于该书中,则称某氏评本。

(5)注本　凡经某氏注释之书籍,称某氏注本。

(6)孤本　海内罕见之书籍,称孤本。

(7)增订本　凡较原刊本内容增加者,称增订本。

第七节　稽核篇卷

稽核篇卷者,系记载每书之卷数、册数、页数、篇目等项,以便查考也。兹分述如下:

(1)卷数　卷数随载于书名之后,其记录规则,详普通书编目规则,不赘述。惟善本书之卷数,或经刊刻者之增减,或经书贾之妄定,每不一律,故须查考各家藏书目,以便记载。卷数之增减,以集部为多,盖因编刻之时地不同,传录之源流遂异,如《诗人玉屑》一书,清初翻宋本作二十卷,日本刊本则作二十一卷,若此不同之处,编目者宜考其分合,详加记叙。

(2)册数　其记录规则与普通书同。善本书之册数,经书坊之改订,或多或少,颇不一律,编目者宜将每册卷次记明;如某书十卷,共三册,则记明全书三册,第一册一卷至三卷,第二册四卷至六卷,第三册七卷至十卷,惟在十册以上之书籍,则不便逐册载其卷次也。

(3)叶数　其记录规则,与普通书同。善本书之叶数,有一叶分为上下两叶者,或分为上中下三叶者,须记明某叶分二叶或分三叶。又有叶次缺而内容不缺者,亦应注明某叶不缺。

(4)篇目　一书包含数种细题而书名不能表明内容者,宜列举其编目。如《清学部图书馆善本书目》记写本《仙都志》云:"此书分六门:曰山川,曰祠宇,曰神仙,曰高士,曰草木,曰碑碣题咏。"吾人见此目,即可窥知该书内容之一斑。至其他记载规则,可参阅普通书目次项。

第八节　注明款式

款式系包括行格、版匡大小、边栏、版口、象鼻、鱼尾等而言,皆就半叶记之,兹分述如下。

(1)行格　行格以半叶为准,如某书每半叶若干行,行若干字。亦有将每半叶三字省去不写,如云若干行,行若干字。亦一见可明也。字数不一致者,可取其最多数及最少数并列之,但须于其后加"不等"二字,或以"至"字连接之,如云每半页九行,行十七字十九字不等;或云每半叶九行,行十七至十九字不等。叶面有小字注者,宜注明小字双行若干字,或单行若干字。昔人专言行格之书,以江标《宋元本行格表》为最详尽。

(2)版匡大小　著录版匡之大小,始于瞿中溶《古泉山馆题跋》,每书举其大版或中版,惟不以尺度量之。至缪荃孙编《清学部图书馆善本书目》,始以尺寸计高广。嗣后藏书家著善本目录,多依营造尺为度量标准。近国民政府已定万国公制(即米突制)

为标准长度,即以一公尺为标准尺,故度量版匡,应依公尺为标准。如明万历《郑选苏长公内外合编》一书,其版匡高为二十三公分,广为十三公分半。

(3)边栏　边指版匡之四边而言,栏指版匡内界格而言。天地四匡,画以粗墨线者为单边,匡内有细墨线者为双边;有仅在左右双边者,有四周双边者,大抵宋版多单边,元版多双边。边亦称边栏,栏亦称丝栏。钞本之纸,印以黑界格者,称乌丝栏,红者称朱丝栏。

(4)版口　书叶折叠处称版口,以前善本著录,亦有混称版心者。版口中有象鼻,有鱼尾,为折书时之标记,系在上下两端,其中间则称中缝。

(5)象鼻　象鼻者,系版口上下两端之界格,因形如象鼻,故名。象鼻中空者,为白口;中有一线墨者,称细黑口或小黑口;墨粗者称粗黑口或大黑口;墨宽者称宽黑口,简称黑口;中间有字者,称花口。宋版多白口或细黑口,元版多黑口,是因风尚所趋,致形式亦异。明初成宏间,承元旧例,刻书亦多尚黑口。及至嘉靖间,书多从宋本翻雕,故尚白口,今日嘉靖本之精刻者,其珍贵不亚宋、元,盖以此也。

(6)鱼尾　书中开缝每画▬式样者,名鱼尾,亦以其象形而定名也。鱼尾亦称燕尾。鱼尾黑者较多于白者,有上下两鱼尾相向者,亦有相随者,又有仅在上端有鱼尾者。

第九节　鉴别字体

编目时对于字体,亦须用简便之方法注明之。如楷书、匠体、行、草、隶、篆、异体、古体、俗体、讳字、写刻姓名等,均须辨明。兹分述如下:

（1）楷书　宋刻多仿欧阳询、柳公权、颜真卿三家，就中尤以欧体字刻版者为最美。盖欧体浓纤适中，无跛踦肥瘠之病。至于欧、柳或欧、颜两种笔意参合者，尤为名贵；如松雪斋所藏《汉书》，字体在欧、柳之间，罕品也。元代刻书，多仿赵孟頫书法以花豁沈氏伯玉刊《松雪斋集》为著名之精品。及至明代，刊版所见，如《茅山志周府袖珍方》，皆狭行细字，字形仍作赵体也。

（2）匠体　宋刻另有一种整齐方板之字，然犹不失楷书规范，称为"宋匠体"。如黄丕烈《藏书题跋记》所载残宋刻本《图画见闻志》六卷所云字画方板，即系此类字体。明代始有书工，专写肤廓字样，称为"宋体"。宋体之名，不甚适切，可称之为"明匠体"。其体大抵横轻直粗，庸劣不堪。

（3）行草隶篆　各就其形体而识之。

（4）异体　古书衍袭，易致讹谬，如操之为掺，昭之为佋，以颇为陂，以平为便，若此类之可骇异者，均宜随其情形而著录焉。

（5）古体　自宋以来，有用说文古体作楷书者，迄乎明嘉靖间，许宗鲁刻书，尤好用之。如明嘉靖七年所刻《吕氏春秋》一书，即用此体，凡遇此等书籍，则应注明"笔画多从古体"字样。

（6）俗体　如元版《乐书》中之禮作礼，興作炗，均为俗体，则应注明"字多俗体"。

（7）讳字　鉴别善本书之刊刻年代，亦可于讳字中推知之。讳字有加墨围者，亦有改字或加注御名者。此种避讳阙笔之规例，起于唐而严于宋，且兼讳最广，如宋太祖匡字，避讳之字，有筐、恇、洭、劻、廷、境、镜、獍、竟等。太宗炅字，避讳之字，有耿、憬、炯、颎、扃等。真宗恒字，避讳之字，有姮、峘等。仁宗祯字，避讳之字，有贞、侦、症、澂、惩、桢、浈、征、旌等。英宗曙字，避讳之字，有署、树、属、恒、竖、抒、薯、澍、赎等。神宗顼字，避讳之字，有勖、旭、勖等。哲宗煦字，避讳之字，有朐、酗、昫、休、咻等。徽宗佶字，避讳之字，有吉、姞、咭、黠、郅等。钦宗桓字，避讳之字，有垣、完、丸、皖、瑗、源、莞、梡、援、院、洹、汱、纮、統、狙、鸛、荒等字。高宗构字,避讳之字,有媾、购、觏、沟、遘、搆、菁、姤、殻、诟、逅、句、钩、穀、够、雊等。孝宗眘字,避讳之字,有慎、蜃等。光宗惇字,避讳之字,有敦、墩、鹑、邨、錞等。宁宗扩字,避讳之字,有郭、廓、鞹、槨、椁等字。理宗昀字,避讳之字,为驯字。至于元、明、清各代,均有避讳,审视版本者,若能悉心研究,不难于字里行间得之。

(8)写刻姓名　刻工姓名,多载于版口或卷尾匡外,宜据其姓名记之。此种刻工姓名,宋刊本载之最多,元刊本次之,明精刻本亦有之,清刊本则不易觏也。此外对于写刻人姓氏如可查考者。亦宜记载。如明版《论衡》三十卷,版口有通津草堂四字,末卷后有周慈写陆奎刻六字;又如明嘉靖王敦祥刻王楙《野客丛书》三十卷,末卷有长洲吴曜书黄周贤等刻诸字,均宜加以著录。古书多有经名手写者,如杨次山写《历朝故事》,又如明《文温州集》为其子征明手书以付剞劂者,尤宜特加著录。

第十节　摘记章句符号

章句符号之于古书,与近日新标点符号意义略同。编目时遇有下列各项关于章句之符号,应详加记载。

(1)句读圈点　句读圈点,所以便于读习也。大抵起于宋中叶以后,岳珂《九经三传沿革例》,有圈点必校之语,此其明证。如宋版《西山先生真文宗公文章正宗》二十四卷,旁有句读圈点。

(2)篇章符号　古书篇章,在唐时写本中,俱另行别起,如日本影印之唐写本《汉书食货志》凡对于"汉兴宣帝即位""元帝即位""成帝时"等处,俱提行,可见古书本分篇章。宋代雕版盛行后,一般坊刻,图省工料,因而淆乱。然其中亦特加符号以资分别,如用"鱼尾"以表篇卷,用"圈"以表章节。

（3）墨围　墨围作用,与新标点之冒号破折号相同。最早为表示注疏及小标题之用,嗣亦以表示专名及书名者。

（4）阴文　系表示增补之文字。如《本草》书中有为神农本经,有为后人所增,开宝重定,以黑白文为别,唐慎微《证类本草》,仍沿其例。

（5）旁抹　旁抹有单有双,其作用为表示警句或专名。

（6）阙文符号　此种符号,有白匡及墨等二种。白匡亦称空白,如汲冢中《逸周书穆天子传》,其中多方白匡,皆阙文也。墨等亦称墨钉,如陈道人书棚刻《唐人集》中,即多墨等。

第十一节　审视标记

标记以识篇卷明次第为主,次之如插图、书牌等项,亦与标记有关,兹分项述之如左:

（1）口题　古书版口所记,有书名及卷第,有叶次,有本叶字数,有刻工及刊行者姓名。版口上端所题为书名。雕版最初创行时,书名大抵只刻一字,后来或全刻书名,或节刻书名,颇不一律。如书名字数少者,则全刻;多者则节刻。其白口小黑口空处,记卷叶数及字数,下端记刻工姓名。

（2）耳题　耳题始于宋岳珂之刻《九经三传》,凡边栏外左上角所题称左耳边,右上角所题称右耳题。

（3）栏外题　凡边栏外下端有题识。称栏外题。左下角所题者,称前栏外题;右下角所题者,称后栏外题。

（4）插图　古人以图书并称,是可知有书必有图。及雕版盛行后,附图之书,反而减少。其传于后者,宋有《三礼图》、《考古图》、《博古图》、《列女传》、《梅花喜神谱》、《楚辞》等。元有大德本《列女传》、《博古图》、及《搜神前后集》等。迄乎明代,则插图之书,最为繁伙,刻画俱精。如仇英所绘之《列女传》,尤为精绝。凡遇此类有图之书,须将其绘图者姓名,加以著录。至于图之数目大小,及所列地位,均应注明。对彩色插图,尤宜特别表出。

(5)书牌　书牌,首注明其所在地位,次详其款式。宋人刻书,每于书之首尾,或序后,或目录后,或封面后,刻一墨图记及牌记。其牌记亦称为墨围,以其外墨阑环之也;亦称为碑牌,以其形式如碑也。元、明以后,书坊刻书多仿之。牌中字句,有繁有简,繁者如宋刊《春秋经传集解》三十卷,其书牌识语,多至八行,共约九十余字。简者如宋刊《新编近时十便良方》十卷,其书牌识语,仅十八字。其边匡形式,亦不一律。

第十二节　辨别纸质及墨色

书之纸质墨色,多不一律,同一书也,有棉纸竹纸之别,有墨色浓淡之分,故宜辨识明白,以资著录。兹先言纸质,纸质各代不同,故对于考订书籍之时代,极有关系。如宋刊《资治通鉴考异》一书,据《天禄琳琅书目》所载:"纸质薄如蝉翼,文理坚致,为宋代所制无疑。"至元、明所刊诸书,其纸质远损宋代,兹将古书纸质之较普通者,述数种如下:

(1)棉纸　棉纸细纫洁白,有阔帘狭帘之别,大抵宋、元多阔帘,明以后则多狭帘。如清学部图书馆所藏宋本《通鉴纪事本末》,及宋巾箱本《欧阳先生文粹》等,俱系棉纸。

(2)桑皮纸　桑皮纸多产于北方,尤以河北为著。纸色莹白,明王世贞跋宋本《汉书》谓"桑皮纸白洁如玉"云云。

(3)麻纸　多产于四川。胡朴安纸说云:"蜀纸独以用桑而见尊。"麻纸莹洁如玉,如北宋刊本《景文宋公文集》及元刊曾巩《元丰类稿》等书,俱系麻纸。

（4）白皮纸　纸质较棉纸为薄，白晰透明。清学部图书馆所藏元刊明印之《元史》，系白皮纸。

（5）罗纹纸　有阔帘及红丝之别。如清学部图书馆所藏元刊《陆宣公奏议纂注》，系阔帘罗纹纸。元刊《后汉书》，系红丝罗纹纸。罗纹纸大抵洁白纫厚，可以久藏不损。

（6）宣纸　宣纸以产于宣城得名，纸质坚致，纸色莹洁，如天禄琳琅所藏宋本《唐书》。即系宣纸。

（7）毛边毛太　纸色略带黄，明汲古阁毛氏刻书，所用之纸，每岁从江西特造，厚者称毛边，薄者称毛太。

（8）开化纸　开化纸以产于开化得名，洁白坚韧，清初官书，多用此纸印行。

（9）牒背纸　据《书林清话》云："……余校秘阁书籍每见宋版书，多以官府文牒翻其背印以行，如《治平类篇》一部四十卷，皆元符二年及崇宁五年公私文牒笺启之故纸。"其纸极坚厚，背面光泽如一，故可两用。

明高濂《燕间清赏笺》论藏书云："藏书以宋刻为善，……用墨稀薄，虽著水湿燥无湮迹，开卷一种书香，自生异味。元刻用墨秽浊，开卷了无臭味。"观此可以知宋、元本墨质之优劣不同。又孙从添《藏书纪要》云："……宋刻墨气香淡，纸色苍润，展卷便有惊人之处。"总之，宋刻诸书，墨色鲜明，芬香可爱。元、明所刊者，即不能媲美矣。

第十三节　说明装订

古书装订，因时代而不同，须就其装式、订术、保护及其他各项加以著录，兹分述各项名称如下，以便参考。

甲装式

（1）旋风装　古人藏书，皆作卷轴，如《听雨纪谈》云："郏侯家多书，插架三万轴。"惟卷轴展阅之时，舒卷极不便利，故进而为折叠状，称"旋风装"。唐代佛教大盛，所有经典，因便于唪诵之故，多用此式，故亦称"经折装"。国立北平图书馆所藏之西夏文经典九十余册，仍为此种装式也。

（2）蝴蝶装　宋初雕版盛行，其装缀亦由旋风装改为蝴蝶装。蝴蝶装或简称蝶装，其装法为书口与书口相连，书衣用硬纸作包背式，颇便庋、藏。据《书林清话》云："蝴蝶装者，不用线订，但以糊黏书背，夹以坚硬护面，以版心向内，单口向外，揭之若蝴蝶翼。"此种装式，并不凿孔穿线，虽几经改装，原书不易损坏，故颇易于保存。

（3）包背装　元、明清各代雕版进化，蝴蝶装又变为包背装。包背装之装法，其折叶已改为书口向外，而后背以书衣黏裹，其与线装不同之处，惟不凿孔穿线耳。

（4）线装　线装至清代为极盛时期，其优于包背装者，以其便于翻阅而不易散乱也。且线装能变破旧为簇新，对于修订旧书尤为便利。惟线装重订次数过多时，书背针孔重重，亦易破损也。

（5）毛装　始于清殿本。新订书籍，折叶，下纸捻后，不用切裁，即行插架。其用意有二：一、如初印红本，所以表示新印也；二、毛装虽有污损，订裁后，尚不失为新订。晚近新籍，包背亦作毛装，其用意半与此同。

（6）精装　晚近印刷术发达，所有书籍，多用铅印，除少数刊版书籍尚须用线装外，余皆改为包背装矣。其包背装之精者，则用厚纸面敷以皮或布，或烫金字，或印墨字，俗呼之为精装。

（7）平装　平装之装法，略与精装同，惟不用厚纸面，仅以各色之书皮纸或印就之封面作包背装。平装书籍，较精装为轻便，惟书面易破损。

（8）和装　和装系日本之旧式装订。其装法，略与吾国线装同,且多以绫绢包角。其上下书衣,较内容各叶稍宽。日本最近所印之《续藏经》等书,均是类也。

(9)高丽装 高丽人之著述,其装订略与和装同,称"高丽装"。

乙订术

(1)衬纸 古书或因纸张过于脆薄,或全书经蠹蚀,重装时,遇虫蚀之处,则以染纸逐一补之,脆薄之处,则就其上下端及书口各处之里面,以薄棉纸裱之,施工既成,然后每叶内各衬白纸一张,不但翻检既易,映出书叶,亦倍觉鲜明。

(2)镶衬 如遇原书上下各端过小,不能再行裁切者,则须镶衬。镶衬之法,除衬纸外,上下两端,须镶出半英寸之白纸,其镶出之部分,仍须再衬,以免不平。此种镶衬。北人称为"金镶玉",南人称为"装袍套"。

(3)包角 珍贵书籍,既经镶衬,复多用细绢包角。其用意一则使其坚固,一则增加美观。又有一种镶包角,系包角时遗去上下副叶数张,骤视之,若镶白边然。

(4)订线 通常书所用,为四针眼订法。然遇书背宽大者,则用六针眼,间有多至八针眼者。至于订线之术,据《藏书纪要》云:"订线用清水白绢线双根订结,要订得牢,嵌得深,方能不脱而紧;如此订书,乃为善也。"

丙护封

(1)副叶 副叶,即每册书衣内之空白纸也。其作用在保护内叶之不受损伤,故又称"护叶"。又副叶有用"万年红"纸者,能避免潮湿,吾国广东装订之书籍,多用此式。

(2)封面 封面位于副叶之后,多以其封面上书法可宝,加意保存,故有在原刻封面上蒙以薄如蝉翼之棉料纸一张。设其封面为有色纸所印,则映透极美。

(3)书衣 书衣不啻书籍之衣饰,即书籍表面之叶也。述古堂装订书面,用自造五色笺纸。汲古阁装订书面,用宋笺藏经纸,或宣德纸,染雅色。历代官书,则多用黄、红、蓝、紫色之绫绢面。

(4)书签　多倩名人题以书名,贴于书衣之左上端,著录时可注明其款式字体及出自何人手笔。

(5)函盒　以硬纸为里,外敷以布,用以包容全书为函,俗称书套。有四面函,有六面函。又有四周固定不可开阖者,称官式。另有以木盒盛书者,称之为"盒"。盒之一端,可以启闭。木盒类以樟、檀、花梨、楠木等贵重木料为之。

第十四节　记载藏印与丹黄

甲藏印　藏印宜注明所在地位、形状、文字、颜色等项,于鉴别刊刻年代及授受源流,极有关系。如天禄琳琅藏元刊《文章正宗》,曾经明严嵩收藏,有钤山堂印,细察书中,本有礼部官书朱文长印,俱为嵩印所盖掩,以是可推知嵩入直文渊阁仍掌礼部事时,攫取官书为己物也。兹将有关各项分述如下:

(1)地位　注明其在封面目录,或卷头,或眉端,或下脚。

(2)形状　注明其方形、长方形、圆形、腰圆形、叶子形。

(3)文字　注明其印文辞句及字体,或朱文,或白文,或朱白相间,均宜分别记出。

(4)印色　印泥有红、黄、蓝、黑等色,但以红色为最多,著录时,得就特异之色注明之。

乙丹黄　古书有经名人标点、评注、校勘或题识者,其墨迹出于何人,均宜注明,并宜略考其人之身世。《皕宋楼藏书志》云:"先辈时贤手迹题识校雠岁月,皆古书源流所系,悉为登录,手跋以某氏手跋曰五字冠之,间有考识,则加按字。"其例可从。

第六章　方志舆图年鉴等编目法

第一节　方志之种类及其效用

方志之种类极夥，如都会志、省志、道志、府志、厅志、州志、郡志、县志、设治局志、边镇志、所志、关志、镇志、乡志、乡土志、风土志、里志、村志，以及不标志名而居方志之实，如《齐乘》之类，均得视为方志。且每种方志，又因其所修年代而分为数种，如康熙某志、道光某志、民国某志等。

吾国方志既若是繁夥，规模较大之图书馆所藏方志，自数百种以至数千种不等，故对于方志之编目，尤应详备，以便检寻。且方志对于史地、经济、社会均有关系，如沿革、疆域、面积、分野、山川、物产、名胜、古迹、寺庙等，则与地理有关。建置、职官、兵备、人物、艺文、金石等，则与历史有关。户口、田赋、关税等，则与经济有关。风俗、方言、祥异等，则与社会有关。方志既有许多切实之记载，则对于参考之功用，实超过一般图书。故近年各大图书馆，多有方志专目之编行，公之于世，是可知方志编目之重要矣。

第二节 方志编目法

方志编目,亦宜如善本书之书本目录与卡片目录相辅而行,至于书本目录之排列法详下节方志编次内,兹规定各种编目法如下:

甲 关于志名者

(1)书名前冠有续、再续、续修、重修、增修、新修、敕修、增补、重订、重刊、重刻、重印等字样者,如为书本目录,仍旧著录;如为卡片目录,则概用括弧,附写于志名之后。

(2)原题省、道、府、厅、州、县名,异于现称者,或古有而今已废者,仍照原书著录,但须于附注项注明。例如《武昌县志》,应于附注项注明"现改称鄂城县"。

(3)其他志名之编目法,与普通书同。

乙 关于修纂人者。

(1)志成于官家者可分"修"及"纂"二项著录之。

(2)修者姓名以负责主修者为准,如纂修姓名项中之"主修"是。倘负责主修者不明时,则可查序跋、名宦、职官等所载,以当时守令为主。

(3)志有创修于前任守令,而完成于继任者,须并录;称某某与某某同修。历三任以上始修竣者,以第一任守令为准,称"某某等修"。

(4)志有守令主修而兼总纂者,称"某某纂修"。

(5)纂者姓名,以实际执笔并负全书编纂及最后裁定之责者为准,如纂修姓名项中之"总纂"是。

(6)总纂如有二人,须并录,称某某与某某同纂。如为三人以上者,则录其第一人,称"某某等纂"。

(7)志成于私家者,称某某编纂,或某某撰。

（8）志有修成后，加以增补或续修者，须并录；称"某某修，某某纂，某某增补，或某某续修"。

丙关于出版者

（1）出版期以原书里封面所题为准。

（2）原书里封面，有题作"某某年开雕某某年刻竣"等字样者，称"某某年至某某年刊本"。

（3）里封面未题刊刻年份者，以最后序跋之年为准。并序跋无从查考者，则从志中载事止讫之年。

（4）方志刻成后，而于职官选举等门续有增补，但对于全书未加重订者，称"某某年增补某某年刻本"。

（5）志有后代重刊影印传钞者，称"某某年据某某年刻本重刊，或影印或钞"。

（6）出版地出版人，只限于私人或营业书店所刊行者，著录之；官刻者不必著录。

（7）版本除木刻称刊本外，其他如石印、影印、铅印等，均宜分别注明。

丁关于稽核者

（1）卷数之计算，以原书为准。原书不分卷者，不必著录。书与目不符者，于附注项注明。

（2）志有卷首卷末未列入正文者，另计之；称"某志几卷，又卷首几卷，卷末几卷"。

（3）如有附志，其卷数须并录，称"某志几卷，附志几卷"。

（4）原装册数有经改装或合订者，须并录，如云："三册（合订一册）"或"三册（改装六册）"。

（5）如用函装护者，须记其函数。

戊关于附注事项者

（1）凡省、道、府、厅、州、县之改名废治，或县治所属之省份已改变者，均得于附注项注明之。

(2)其他特别情形,不能在以上各项中著录者,均得于附注项注明之。

(3)志有重复者,须于附注项注明"又一部若干册",但复本有增补或续修者,须各别著录。

第三节　方志之编次

方志之编次,依杜定友最近改订之《杜氏图书分类法》中之中国地方志详表之规定,先分省区,次按每省所列之县市为先后,兹拟简则数项如下:

(1)方志地名,今已改称或裁并者,按现名排列。

(2)道、府、厅、州等志排于原治所在县之前,例如《金华府志》,即置于府治所在之《金华县志》之前。

(3)镇、乡、村、里等志,置于所属县之后,例如《新胜镇志》、《梅里志》等,应置于《嘉兴县志》之后。

(4)一志而包括二地名者,按原志题名居先者排列。

(5)一地而有数志者,按纂修时代先后排列。

第四节　舆图之种类及其效用

舆图之种类亦颇繁夥,就形式上而论,则有订成书本式者,有折叠而为袖珍本者,有单张者,有装成卷轴者,有系地球仪,有系附入于各杂志中,凡此种种形式不同之地图,苟与普通书混同编目,殊多未合之处,故宜另订编目法以资准绳。

舆图形式上之种类,既有上述多种,至就其内容而言,则对于各方面之参考尤广,有详于各地方之物产地图;有详于邮电、铁道、公路、航路、航空等交通地图;有详于边防、要塞、军港等军事地图;有专述历代疆域变迁之历史地图;有详于山脉、河流、湖泊、海湾等自然地图。至其他最大如全球,最小如一乡一镇等种种不同之舆图尤夥,其对于研究史地、经济、政治、交通、军事等项,均有极大之效用。规模较大之图书馆,其所搜罗之舆图,当亦不少。故对于舆图之编目,尤宜视为重要之工作。

第五节　舆图编目法

舆图编目,不必用书本目录,应照普通书用卡片目录,惟编目法,略与普通书有别。兹将其异于普通书者,分述如下:

(1)舆图名称,如不准确,或所标舆图名不明显者不妨由编目者定以适当之名称。

(2)凡属乡、镇、村、里等地图,应于其名称后用括弧附注其所属县份。

(3)凡属一县地图,应于其县名后用括弧附注其所属省份。

(4)舆图之测绘者、绘图者、制图者,作图者,均得视为著作者。其无以上各项名称时,则以发行者或印刷者为著作者。

(5)舆图所用之比例尺,为普通书所无,故编目时应特加著录。例如半英寸比之大不列颠地图,二百万分一比之非洲地图等,均须在各舆图名称后注明。此项比例尺,最好订定划一之方式,使查阅者一目了然。例如一比六三三六〇〇,是代表"十哩比一吋",一比五〇〇〇〇,是代表"一生的比一公里"。

(6)舆图版次之著录,最为重要,因舆图每次改版,其交通线或行政区域,或地名,多有改订之处,故除注明其版次外,应将改订要项于附注项说明之。

(7)杂志中所附之舆图,如有特点,足资参考者,应另行编目。

并于图名后注明附于某某杂志第几卷第几期第几页后。

(8)舆图除订成书本式以外,其他各式对于稽核册页颇难一律;如单张者,注明张数;装成卷轴者,注明轴数;地球仪注明个数。

(9)舆图之颜色,如有作为特种标帜者,应注明。

(10)舆图轮廓之大小,应注明,其计算以公尺为准。

(11)其他各项仍照普通书编目法。

第六节　舆图之排列

舆图形式,既不一律,则其排列亦与普通书有别。普通书籍,概照书码排列于书架中,舆图之装成卷轴及地球仪之类,则不能与普通书混排于书架之中。且馆内对于是项卷轴舆图,多至数百轴,苟不设法排列,则无法可以检寻,故舆图之排列,亦为重要问题。

卷轴舆图,应利用空壁,装以铜钉,将每轴舆图之上端,穿一悬线,悬于钉上,使成垂直状。如是则地位经济,且不易损坏,放取均便。其挂列次序,则依各舆图之书码而定。惟此种方法,仅限于舆图不多及壁位空阔之图书馆,设无空壁,且舆图甚多者,则宜照下项插架方法排列。

插排之木架,可分两种:一种分上下两层,高约一丈,宜于插放短轴舆图。一种系不分层,而高度与两层者同,宜于插放长轴舆图。两层架之构造法,系用四条横木二条纵木钉成。第一条横木与第三条横木,约每隔一寸半地位,凿通圆洞一个,圆洞旁须凿通一缺口,以便将舆图从此缺口中插放。其第二及第四条横木,则照第一第三条横木之地位,凿一深约半寸之圆底,以便承放轴之下端。此架长度,约一丈四尺。每层约可插放舆图五十轴。其一层架之构造法,与两层架略同,惟第一、二、三条横木均凿缺口,第四条横木凿圆底。

地球仪宜陈列于玻璃橱内,橱高约六尺,分为六层。橱门则用玻璃装设,以便查视。

单张舆图,可折叠使其缩小,并装以封套,封套外面标明舆图名称、制图者、发行者及书码等项,然后照普通书依码排列。

第七节　年鉴编目法

年鉴或按年刊行,或隔数年刊行。其所标次序,或用回次,称第一回第二回………等;或用编次,称第一编第二编………等;或用年份,称民国某某年份,颇不一律,故其编目,亦与其他定期刊物及普通书不同。年鉴如仍继续刊行而未停刊者,则用下列之年鉴登录卡,将每年配购者逐项登录。其登录程序如下:

年鉴登录卡

年鉴名										
编　者					出版处					
经售处					出版期					

	年　份	回次或编次	价格		订购期			册数	登记号	书码	附注
			定价	实价	年	月	日				
逐年配到登记											

(1)年鉴名　将年鉴名登入。年鉴名如有更换者,于附注栏注明之。

(2)编者　将编者姓名登入。有时编者中经更换数人,则择其编辑较久者一人,题称"某某等先后编辑"。如只换一次者,则用二人姓名并列。编者如用某年鉴社名义,则填称"某社编"。

(3)出版处 将出版处名称登入,并于名称前冠以地方之名称;如"上海申报馆特种发行所"。出版处如有更换者,于各年份附注内注明之。

(4)经售处 年鉴有时由私人集社编刊后,托由某书店或某机关经售者,则将经售处登录。其经售处名称前须冠以地方之名称。

(5)出版期 仅登录其最初出版年份。并须于该年份之后,加填"至最近"三字,例如"民国十八年至最近"。但该年鉴如已停刊者,则登录最初之出版年份及停刊之年份;例如某年鉴自民国十八年刊行,至民国二十三年停刊,可填称"民国十八年至二十三年"。

(6)逐年配到登记

(a)年份 此项年份,系登录该年鉴内容所属之年份,而非刊行时之年份。一般年鉴名称前,多有是项年份载明,如民国二十三年《申报年鉴》,民国二十四年《银行年鉴》等,即可照此年份登录。如无此项年份者,则填以刊行时之年份。

(b)回次或编次 年鉴称回次者,涂去其"编次"二字,并于其空格内填以阿拉伯数字,以表示第几回。如为编次者,则将"回次"二字涂去,照前述登录。

(c)价格 将定价实价二项分别登录。

(d)订购期 照该年鉴订购时之年、月、日登录,以供下次订购时之参阅。

(e)册数 照每次配到年鉴之册数登录。

(f)登记号 每次年鉴登录时,须给以登记号,以便查对。

(g)书码 每次年鉴之已编目者,须将其书码登录,以便查索。

（h）附注　如有其他事项不能登入上列各项者,则登录于附注栏。

年鉴名称卡例（一）

书　　码	中	国经济年鉴续编
登记号	实	业部中国经济年鉴编纂委员会编 上海　商务　民国24年　铅印本　　精装　3册 定价14元

年鉴编者卡例（二）

书　　码	实	业部中国经济年鉴编纂委员会编
登记号		中国经济年鉴续编 上海　商务　民国24年　铅印本　　精装3册　定价14元

年鉴标题卡例（三）

书　码	中国经济——年鉴	
登记号	实	业部中国经济年鉴编纂委员会编 中国经济年鉴续编 上海　商务　民国24年　铅印本　精装　3册　定 价14元

年鉴书架卡例（四）

书　码	中国经济年鉴续编	
登记号	实	业部中国经济年鉴编纂委员会编 上海　商务　民国24年　铅印本　精装　3册　定 价14元 民国25年6月向商务购入

以上之年鉴登录卡，系就年鉴之继续刊行者，逐年登记。倘该年鉴已停刊者，则停止登录。年鉴之逐次登录，其目的在便检查某

年鉴之最近出版者,是否已经配备? 及已配购者共多少? 至每期年鉴经登录后,尚须另行编目,其应行编目之卡,可分四种:即年鉴名称卡、年鉴编者卡、年鉴标题卡、年鉴书架卡等,兹分述如下:

(1)年鉴名称卡　其应写项目,为书码、登记号、年鉴名称(年鉴名称下附注年份或回次或编次)、编者、出版地、出版处、出版期、版本、装订、册数、价格等(例一)。

(2)年鉴编者卡　其应写各项,与年鉴名称卡同,惟编者须写在年鉴名称之上一行(例二)。

(3)年鉴标题卡　普通年鉴,以"年鉴"二字作标题;专门年鉴,以专门名称作标题。如摄影年鉴、铁道年鉴、经济年鉴等,即以"摄影——年鉴","铁道——年鉴","经济——年鉴"等为标题。其他应写各项,即为书码、登记号、编者、年鉴名称、出版地、出版处、出版期、装订、册数、价格等(例三)。

(4)年鉴书架卡　其应写各项,与年鉴名称卡同。如有复本,应于附注项注明又一部,并附登记号。又于最末一行之右端,注明配购年月及向何处购等字(例四)。

第八节　合刻附刻书编目法

(1)数书合刻,而无总名者,称合刻本。应将各书一律分别照单行本编目,但须于每书目录卡附注项内,注明"与其所著某书合刻",或注明"与某人所著某书合刻"。若不能考得其著者,则仅注明"与某书合刻"亦可。

(2)书贾有时求事实之便利,将数种单行书合订一部,不另题总名者,称合订本。其编目规则与合刻本同,惟须将"刻"字改为"订"字。

(3)如数书合刻,另有总名者,即为丛书,应照丛书编目法编目。

（4）一书后附有数种性质相同、版本相同、著者相同之书籍，均作为一书，其书名须连写；例如《容春堂前集》二十卷，《后集》十四卷，《续集》十八卷，《别集》九卷；又如《容斋随笔》十六卷，《续笔》十六卷，《三笔》十六卷，《四笔》十六卷，《五笔》十卷。

（5）附刻书性质相同，而著者不同，则于书名后注明"附某人所著某书若干卷"；例如邓玉函著《奇器图说》一书，附有王征著《诸器图说》，应于书名后注明"附王征著《诸器图说》一卷"。

（6）附刻书籍著者相同性质不同者，则于书名后注明"附某书若干卷"。例如佟世思所著《与梅堂遗集》一书，附有《鲊话》一卷，应于书名后注明"附《鲊话》一卷"。

第七章　定期刊物编目法

第一节　杂志编目法

杂志在图书馆中占重要之地位,近年新出杂志,种类繁杂。编撰书籍者,往往于杂志中索寻材料,是杂志之为一般阅者所注意,可想而知。惟是许多繁复之杂志,苟不妥为编目,则于检索方面颇感不便。

杂志系属定期刊物,有季刊、二月刊、月刊、半月刊、旬刊、周刊、三日刊等分别;其编目方法,自与书籍不同。凡新订陆续寄到之杂志,须照下列卡式,详细暂登,以便查核。

凡未汇订之新刊杂志,可不必给以书码。书架上之排列,可照笔画或字母等次序分先后。俟登满一卷汇订后,再行编目,定以书码。

(1)杂志名称　将杂志名称照填。

(2)刊期别　杂志刊期,可区别为半年刊、季刊、二月刊、月刊、半月刊、旬刊、周刊、五日刊、三日刊等。杂志属于何种刊期,即将何种刊期照填于刊期别之后。

(3)登记号数　杂志应依订购先后,给以登记号码,填入登记号数之后。

杂志名				刊期别						登记号数			
月　份	一	二	三	四	五	六	七	八	九	十	十一	十二	类　别
收　到													
卷													
号　期													
数													
登　记													

定　购	起	卷　期　号 年　月　日		定购期		定单 号数	
起　讫	讫	卷　期　号 年　月　日		定购处		本馆 藏数	
价	定价			编辑者		附	-------
	实价						
格	邮费			出版处		注	-------

（4）月份　上列登记卡，分为十二个月；每月分为十格，即每月期数，最多如三日刊之类，亦可适用。杂志收到后，按卷期数填入每月空格中。填卷期数，先将空格自右上角至左下角划一斜线，在斜线左边填写卷数，右边填写期数，或号数。

（5）定购起讫　即将半年或全年所订购之起讫卷数及起讫时期，分别填入。

（6）价格　先填杂志所订每年或半年之定价，次填实价，再次将按期所寄之邮费填入。杂志如由定购处派人按期递送者，则邮费一项，可不必填。

（7）定购期　填写订购日期，以备续订时之查考。

（8）定购处　杂志有不能在原出版处定购，而另有其他定购处者，或有由原出版处定购者，均须填以定购处之名称。定购处名称之后，须用括弧注明详细地址，以备通信时之查考。

（9）编辑者　杂志版权叶，有编辑人姓名者可照填；或用某杂志社名义者，则以某杂志社名称填入编辑者项。

（10）出版处　将杂志之原出版处填入。出版处名称之前，须冠以地名，如上海中华书局。

（11）附注　如杂志刊期之改换，名称之变更，或脱期未寄，或停刊等，均须于附注项注明。

（12）定单号数　杂志定单须保存，以备查考。其定单号应填入卡中，以备检查，并备通信时之注明，因定购处订购户名甚多，均须按定单号数而查得户名也。

（13）本馆藏数　将本馆所藏杂志数填入。如因地位不敷，可填一约数，但须于附注项注明"详确藏数见杂志名称卡"。

杂志到馆满一卷后，即须将各期汇订成册，每卷或分装六册、四册、三册、二册不等，须视各期之厚薄而定，汇订后，应在脊背上端黏贴标签，载明杂志名称、卷期数及年份等项，以备检查。

杂志汇订后，应认定每卷为一单位，将杂志名称、编辑者、出版处、卷期数、刊行起讫、价格、汇订册数等，逐一填入登记卡。其登记号数，可视每卷汇订之册数而定。如每卷汇订册数为四册者，可给以四个号码。

经汇订之杂志，于登记后，即可着手分类、编目。杂志编目，可分为杂志名称卡、杂志标题卡、杂志书架卡三种。杂志编者卡，可从略，因编者时有更动也。兹将各卡编写法，分别说明如下：

甲杂志名称卡

（1）书码　先按杂志性质，定一分类号码。其著者号码，因杂志之主编者，时有更换，不能确定，可用杂志名称之首字画数，作为著者号码。如中华书局出版之《中华教育界》，其书码为 $M\dfrac{205}{4}$，M即为 Magazine 之缩写，205 为分类号码，4 为"中"字之画数。如遇同类杂志，其杂志名称之首字亦同者，则可在著者号码后，附加出版处之首字画数，以资分别。

（2）杂志名称　写在卡片第一行，并自第二直线右边写起。

如一行不够写,可接写至下一行,但须从第二直线退右一字写。

(a)杂志名称后,须用括弧注明刊期别。如《中华教育界》(月刊),《小朋友》(周刊)等。但刊期已包含杂志中者,可不必注明,如戏剧旬刊、国闻周报等。

b 杂志名称后,如有注释字样,须照记。

(3)编辑者　写在杂志名称下一行,自第一直线写起。如一行不够写,可接写至下一行,但须从第二直线退右一字写。

a 如编辑者曾经一次更换,应将二人同列,并于其后用括弧注明“某卷至某卷系某某编辑,某卷至某卷系某某编辑”等字。

b 如编辑者更换不止一次,可将其编辑卷数最多者一人,题称“某某等先后编辑”。

(4)出版　写在编辑者下一行,自第二直线写起,依次写出版地出版者。

(5)稽核　写在出版下一行,自第二直线空一字地位写“本馆有”三字;次于下一行写所有起讫卷数,并于卷数后用括弧注明该起讫卷之刊行期;次接写汇订之册数。

杂志与书籍不同,如名称之更改,每卷期数之前后不同,每期刊行时间之变易等,于编目时均应注明,以便稽考。兹规定编目上应注意之数点如下:

(1)如杂志每年自一月至十二月刊行一卷者,则于卷数之后仅载刊行之起讫年份,不必将起讫月份添载。

(2)杂志如不分卷,仅标明期数者,则于某期至某期之后,应将年份月份并注;例如某杂志假定自民国十七年一月起月出一期者,现馆内假定有第三期至第四十期,其刊行起讫期,应注明“民国十七年三月至二十年四月”。

杂志名称卡

书 码		大中华(月刊)
登记号	梁	启超主编 上海　中华 　　本馆有 第一卷(民国四年)汇订四册

（3）馆内所有之某杂志,如非起自某卷第一期,应在某卷后加记所起之期数,而将年份月份并注;例如某月刊假定自民国十二年一月起刊行,而馆中所有者为第一卷第三期至第二卷第十二期,其刊行起讫期,应注明"民国十二年三月至十三年十二月"。

（4）馆内所有之某杂志,如自第一卷至最近卷止,其中并不缺少,且仍继续订购者,其卷数可注明"第一卷至最近卷"等字,其刊行起讫期,可注明"某年某月至最近年月"。如某杂志已停刊者,可将"最近"二字改写为实在数字。例如某半月刊假定自民国十三年一月起刊行,至十五年六月底停刊,其卷期数及刊行起讫期之写法如下:"第一卷第一期至第三卷第十二期　民国十三年一月至十五年六月"。

（5）杂志卷期数如有缺,亦应在卡片上注明;如某杂志缺第四卷,应在"本馆有"下注明"第四卷全缺"等字,并将所缺卷数之刊行期附注。如于某卷中缺某期者,则注明第几卷缺第几期,并将该期之刊行期附注。

154

（6）杂志如于中途改换刊行期者,应于附注项注明"某杂志自某期至某期为月刊,自某期起改为半月刊"等字。

（7）杂志于中途改换刊行期,如杂志名称内之期限字样亦随刊期而改换者,可将新旧名称互制参照卡;如"某某月刊见某某周刊","某某周刊见某某月刊"。

（8）杂志如于中途改换名称者,则杂志卡应照所改名称记录,并于附注内注明"某杂志自某期起(某年某月)改称为某杂志"等字,并将新旧名称互制参照卡。

（9）杂志如于某期发行专号者,则于附注内注明"某卷某期系某某专号"等字样。

（10）杂志如刊行号外或特刊或临时增刊,而无卷期数者,应将该号外或特刊或临时增刊作为单行本图书编目。并应在该号外等名称卡附注内注明"某某杂志之号外或特刊或临时增刊"等字。另在杂志名称卡附注中,注明"本杂志于某卷某期刊行某某号外或某某特刊或某某临时增刊另行编目"。

（11）杂志停刊之时期,应于附注项注明"民国某年某月停刊"。

乙杂志标题卡

（1）书码　写法与杂志名称卡同。

（2）标题　须用红色墨水写,自第一行第二直线写起,如一行不够写,可接写至下一行,惟须自第一直线续写。标题细分时,前后两名词,应以短横线隔开。

（3）编辑者　写法与杂志名称卡同。

（4）杂志名称　写法与杂志名称卡同。

（5）出版　写法与杂志名称卡同。

（6）稽核　从略,惟须注明"本馆所有卷期数见杂志名称卡"等字。

杂志标题卡

书　码		教育学——杂志
登记号	陈	启天等主编 中华教育界 上海　中华 本馆所有卷期数详杂志名称卡

丙杂志书架卡

（1）一切写法与杂志名称卡同。如有复卷,应于附注项注明"又自某卷某期至某卷某期一份",并将该复卷登记号用括弧注明于后。

杂志书架卡

书　码		大中华
登记号	梁	启超主编 上海　中华 本馆有 第一卷　（民国四年）　汇订四册 附注:又第一卷一份 民国四年一月向中华书局订购

156

（2）杂志书架卡、最末一行右端,应写明该杂志订购年月（如经多年订购者写最初及最末年份）及何处购何人赠等字。

（3）杂志书架卡背面,须注明该杂志所制之卡片有几种,共几张。

第二节　杂志篇名索引法

杂志种类,既极繁复,而每种杂志之编目,尤为复杂,以若此复杂之篇目,设无完善索引法以备检寻,无异觅细针于茫茫大海,劳而无效,其不便为何如。所以杂志之索引,实为图书馆中最急要之务。杂志如有索引,直接可省却许多精力与时间,间接对于学术文化上有莫大助益。骤视之,似为枯燥平凡之事;审视之,实为极有意义之工作。从事于杂志编目者,不可不注意及之。至关于索引之步骤与方法,述之如下。

（1）选目　选目,系索引之初步工作。各项杂志之材料,既极繁复,如不加选择,一一均为之索引,则糟粕与精华尽取,未免浪费时间。故索引初步之工作,应加以抉择。每期中杂志应认定其最有价值者,作为选取之材料;其无甚重要之篇目,可舍而不用。

（2）编目　各杂志经过选目后,即可着手编目。关于编目方法,可分下列各项:

a 杂志篇名卡　其写法与普通书名卡相同,将篇名写于第一行第二直线右边,如一行不够写,可接写至下一行,但须自第二直线退右一字写。著者写在篇名下一行,自第一直线写起。著者下一行自第二直线起,则写该篇名所属之杂志名称（名称前写一见字）。卷期数、面数（如各篇面数各自起讫者,可不必写面数）、及刊行期等。如一行不够写,可接写至下一行,但须自第一直线写起。例如下卡:

杂志篇名卡例

		中国科学教育的问题
	舒	新城
		见新中华复刊第四卷第一期,21－24 面　民国 35 年 1 月

杂志篇名著者卡例(一)

	舒	新城
		中国科学教育的问题
		见新中华复刊第四卷第一期,21－24 面　民国 35 年 1 月

杂志篇名以原著者为正卡例（二）

		派克(D. Parker)著,钱歌川译
		男女之间 见新中华复刊第三卷第九期,131－134 面　　民国34 年9月渝版

杂志篇名以译者为副卡例（三）

		钱歌川译
		派克(D. Parker)著 男女之间 见新中华复刊第三卷第九期,131－134 面　　民国34 年9月渝版

杂志篇名以译者为正卡例（四）

	萧	用节译
		战时英国的出版事业 见新中华复刊第三卷第八期,56 – 61 面　民国 34 年 8 月渝版

　　b 杂志篇名著者卡　第一行写著者,次行写篇名,再次写所属之杂志名称、卷期数、面数、刊行期等。写法与杂志篇名卡同(例一)。如为译文,则其第一行应先写原著者;次于原著者后空一字,写译者;下一行,则写篇名;再下一行,则写篇名所属之杂志名称、卷期数、面数、刊行期等(例二)。此外应另制译者副卡(例三)。如原著者不可考,即以译者为正卡(例四)。

　　c 杂志篇名标题卡　其写法与普通标题卡同,自第一行第二直线右边起用红墨水写标题;下一行自第一直线起写著者;著者下一行自第二直线起写篇名;篇名下一行自第二直线起写所属杂志之名称、卷期数、面数、刊行期等,例如下卡:

杂志篇名标题卡例

		编目法——中国图书
	刘	国钧 中文图书编目条例草案 见图书馆学季刊 3 卷 4 期,473－508 面　　民国 18 年 12 月

　　d 杂志篇名参照卡　杂志篇名首数字如为地名,而此地名或另有别称者,以别称另制见卡;如"堪拿大见加拿大"。至著者、译者如所署为别号、笔名等,均须于卡上题写正式姓名,另用别号笔名制见卡;如"茅盾见沈雁冰","鲁迅见周树人"。标题卡其所标题,如另有名称者,应取其习见者写于标题卡上,而以不习见者另制见卡;如"泉币见钱币"。又如一种标题以外尚有几种类似之标题足供参考者,则应制参见卡;如"三民主义参见民族主义、民权主义、民生主义"。以上各项参照卡之写法及格式,与普通书之标题卡同,不另举例。

第三节　报章编目法

　　报章种类,比杂志为少,然规模较大之图书馆,若尽量搜集,亦往往有数百种之多。且报章系逐日刊行,每年积聚数量,殊为不

少,故对于报章之编目,亦属急要。凡长期订阅之报章,均须逐日登记,以便稽考。兹拟定报章登记卡格式如下:

(1)报章名　将报章名称照填。

(2)登记号数　报章应依订阅之先后,给以登记号,填入登记号数项。

(3)收到期数登记　日期分为三十一格,按日填登,可填用一个月。收到者填以√符号,未收到者填以×符号,如是则每月所收到之日数,或未收到者,均可一目了然。月份格分为十二格,按月填登,可填用一年。

报纸名　　　　　　　　　　　登记号数

月\日	一	二	三	四	五	六	七	八	九	十	十一	十二	十三	十四	十五	十六	十七	十八	十九	二十	廿一	廿二	廿三	廿四	廿五	廿六	廿七	廿八	廿九	三十	卅一
1																															
2																															
3																															
4																															
5																															
6																															
7																															
8																															
9																															
10																															
11																															
12																															

（左侧竖排：收到期数登记）

定购起讫	起	年　　月　　日	定购期		定单号数	
	讫	年　　月　　日	定购处		本馆藏数	
价格	定价	期　　全年	编辑者		附注	
	实价	期　　全年	出版处			
	邮费	期　　全年				

(4)定购起讫　普通报章均系长期订阅,少则半年,多则一年或二年,起自何年何月何日。讫于何年何月何日,均须填明,以便

162

续订时之查考。

（5）价格　先填报章所订半年或全年之定价，次填实价，再次填按日寄递之邮费。本地方报章，如某报由报馆派人或报贩直接送交者，则邮费一项。可不必填。

（6）定购期　填写订购时之日期，以备续订时之查考。

（7）定购处　报章有不向原出版处订阅，而向经售处或某报贩订阅者，均须在定购处项注明。定购处名称之后，须注明详细通信地址。

（8）编辑者　报章编辑者，如不署明者，可不必填。

（9）出版处　将报章之出版处填入，出版处前面，须冠注地名。

（10）定单号数　报章定单须保存，以备查考，其定单号数，应填入卡中，便于查索。

（11）本馆藏数　馆中所有报章，自何年何月何日起，至何年何月何日止，均须明白填入。其中有缺者，须于附注内注明其所缺期数。

（12）附注　如有特别事项不能填入以上各项者，均得填入此项。

报章满一年后，可按月汇订成册。每年订成十二册。如每日只出一二张者，可满二个月或三个月汇订一册。汇订后，应在脊背上端用白胶粉题写报章名称；次于名称下空数字地位，题写该报某月份月初至月底之号数；再次于号数后空数字地位题写某年某月等字。如是则每报章按月排列，极便检寻。

报章汇订后，应认定一年为单位，另行登记，将报章名称、编辑者、出版处、出版期、该年之起讫号数、价格、汇订册数等项，逐一填入登记卡。其登记号数，可视每年汇订之册数而定，如每年汇订十二册者，应给以十二个登记号，依次于汇订册内注明。

经汇订之报章，登记后应着手编目，其应编之目录卡，可分为报章名称卡、报章书架卡二种。报章性质,大都相同,可不必另编标题卡。至于编辑者时有更换,或有不署明者,故编者卡亦不必编写。兹将报章名称卡及书架卡之编写法,分述如下:

甲 报章名称卡

(1)书码 报章之分类,可按地域区分,其著者号码亦照杂志编目方法以首字之画数为号码。兹依杜定友氏《图书分类法》分类,上海《申报》书码应为 N/072－2/5。N 为 Newspaper 之缩写,072－2 为上海报章之分类号码,5 为"申"字之画数;因此上海《新闻报》之书码,为 N/072－2/13;上海《时报》之书码,为 N/072－2/10;上海《时事新报》之书码,为 N/072－2/10.2。因《时事新报》之首字与《时报》之首字,笔画相同,故再用小数.2 以资区别。至于书码之写法,与杂志名称卡同。

(2)报章名称 写在目录卡第一行,自第二直线右边写起。

(3)出版项 写在报章名称下一行,自第二直线右边写起,依次写出版地、出版处。如一行不够写,可接写至下一行,但须自第一直线写起。

报章名称卡例

书　码	申报
登记号	上海　申报馆 本馆有 民国 5 年　1 月至 12 月汇订 12 册 民国 6 年　1 月至 12 月汇订 12 册 民国 7 年　1 月至 12 月汇订 12 册 民国 8 年　1 月至 12 月汇订 12 册 民国 9 年　1 月至 12 月汇订 12 册 民国 10 年　1 月至 5 月,8 月至 12 月汇订 10 册

(4)稽核项 写在出版项下一行,自第二直线右边起,写"本馆有"三字;次于下一行写所有起讫年份及月份。年份须按年分写。年份后写月份,如"民国五年一月至十二月"。月份后写汇订册数,如"汇订十二册"。如某年中假定缺六月七月之报章,其月份应写"一月至五月,八月至十二月"等字。以示其中有缺。

乙报章书架卡

(1)写法与报章名称卡同,如有复份者,应于附注项注明"又自某年某月至某年某月一份"。并将该复份登记号用括弧注明于后。

报章书架卡例

书　码	新闻报
登记号	上海　新闻报馆 本馆有 民国 17 年 1 月至 12 月汇订 12 册 民国 18 年 1 月至 12 月汇订 12 册 附注:又自民国 17 年 1 月至 18 年 12 月 1 份(4736 – 4759) 　　　　　　　　民国 17 年 18 年向新闻报馆订购

(2)报章书架卡,最末一行右端,应写明该报章订购年月,如经多年订购者写最初及最末年份及何处购等字。

第四节　报章篇名索引法

报章材料,比杂志尤为繁复,其索引较杂志尤为重要。至其索引之步骤及方法,与以前杂志篇名索引同,先须选目,选目后着手编目。其应编之卡,即为报章篇名卡、报章篇名标题卡、报章篇名著者卡、报章篇名参照卡四种,兹分述如下:

(1)报章篇名卡　其编写法与杂志篇名卡同,惟篇名所属之报章名称、年月日、张次等,其著录略与杂志篇名卡同,例如下卡:

报章篇名卡例

		盲哑儿童在重庆
	何	公超
		见民国 28 年 5 月 14 日申报第 4 张儿童周刊栏

(2)报章篇名著者卡　编写法亦与杂志篇名著者卡同,例如下卡:

166

报章篇名著者卡例

	何	公超
		盲哑儿童在重庆 见民国28年5月14日申报第4张儿童周刊栏

　　(3)报章篇名标题卡　其编写法亦与杂志篇名卡同,例如下卡:

报章篇名标题卡例

		教育——特殊教育
	何	公超 盲哑儿童在重庆 见民国28年5月14日申报第4张儿童周刊栏

　　(4)报章篇名参照法　其编写法与杂志篇名参照卡完全相同,不另举例。

第八章　关于编目之参考书籍

第一节　目录学

目录学之书籍,近代所出者不多,是项书籍,有专论吾国旧有之目录者,有综论新旧目录者,有单论目录史者,兹举数种如下。

(1)《目录学概论》　刘纪泽著,民国二十年十月上海中华书局出版,一册,定价五角。其自序谓:"自来治学之士,无不先窥目录以为津逮,诚学中第一紧要,读书入学之门也。然昔贤之事此者,有目录之学,有目录之书,而无治目录之书,盖皆默喻诸己,未尝举以示人。余夙怀综贯,曩哲同符,一得之愚,聊当喤引"云云。是书对于目录学之起源、定义、体例、派别、功用以及在史学上之位置等,均加以透辟之论断,援引各家学说,亦颇广博,是诚治目录学之要籍也。

(2)《目录学》　姚名达著,民国二十三年一月上海商务印书馆出版,一册,定价五角五分。是书分原理篇、历史篇、方法篇三卷,对于目录学之变迁,以及中外古今目录之分别,均作详细之叙述。

(3)《目录学研究》　汪辟疆著;民国二十三年五月上海商务印书馆出版,一册,定价七角。是书论列,虽非目录学之全,然其索录略之渊源,条分合之得失,与夫汉、魏、六朝间官私著录之钩稽,宋、元、明、清后丛书类别之更定,所谓目录学之最繁难最重要者,略备于是。

（4）《中国目录学史》　姚名达著，为《中国文化史丛书》第二辑中一种。民国二十七年五月上海商务印书馆出版，一册，定价二元四角。是书颇多别出心裁之处；如谓《别录》无辑略；《诗》、《书》皆丛书；《隋志》四部为《七略》、《七录》之嫡裔，而非荀勖、李充四部之后身；《佛经》之《旧录》及《别录》，即支敏度之《经论都录》及《别录》；马怀素之《续七志》，与褚无量之整比四部并不同功，此类皆一反古今成说，不惮立异。

（5）《目录学丛考》　程会昌著，民国二十八年二月上海中华书局出版，一册，定价二角五分。是书分《别录七略汉志源流异同考》、《杂家名实辨证》、《汉志诗赋略首三种分类遗意考》、《汉志杂赋义例说臆》、《杜诗伪书考》、《清孙冯翼四库全书辑永乐大典本书目钞本跋》等六篇，均为关于考证目录之著作。

（6）《中国图书分类法》　蒋元卿编，民国二十六年五月中华书局出版，定价一元五角，是书论列，偏重于历代分类之沿革，上迄秦、汉，下逮近今，无不剖析渊源，详究得失，殿之以今后分类法之趋势，虽非目录学之全，然凡属题例之事，略已灿然具备。

第二节　校勘学

编目时有关于疑义者，非加以校勘不可。至于辨别真伪、厘次部类等，尤须稽考校勘学之书籍。故关于校勘学之书籍，宜备数种，以供参考。兹举数种如下：

（1）《通志校雠略》　宋郑樵著，是书于前人著录之谬，多所指摘。此外对于校书之业及求书之法，亦作详审之论列。

（2）《校雠通义》　三卷，清章学诚著。是书折衷历来目录家之说，确定图书分类编目应守之通义，其中暗与近代卡片目录中之分析参照两项符合者,即为别裁互著两编。

(3)《群书拾补》 三十七卷,补遗一卷,识语一卷,清卢文弨著。是书为卢氏读书时遇有谬误或遗漏之处,参稽善本,详为校补,积稿既多,乃汇辑成书,其裨益于学者甚大。

(4)《群书校补》 一百卷,清陆心源辑。是书系将李氏《易说》等三十余种古书,详为校正,并补其遗漏。

(5)《古书读校法》 陈钟凡编,民国十二年上海商务印书馆出版。是书对于古书读校方法,颇多阐明之处,可供校读古书者之参考。

(6)《校雠新义》 杜定友著,民国十九年三月上海中华书局出版,二册,定价一元。是书共分类例、四库、经部、史部、子部、集部、编次、书目、藏书、校雠等十卷,引证广博,立论谨严,盖取吾国固有目录学参以新法融会而贯通之。

第三节　编目法

编目时所赖作惟一之准则者,即为编目法。各图书馆虽或有自订编目规则而不采用他人之编目法者,亦非参阅各种编目法不可。故编目法之书籍,须尽量置备,惟图书馆事业方处萌芽时期,是项书籍,寥若晨星,兹就其所知者,略举数种如下:

(1)《图书目录学》 杜定友著,民国十五年七月上海商务印书馆出版,一册,定价四角。是书分总论、中国图书目录、编目规则、目录用法等四章,提纲举要,条分缕析,颇可供编目时之参考。

(2)《中国图书编目法》 裘开明著,民国二十年二月上海商务印书馆出版,一册,定价五角。是书根据著者数年编目之经验,参酌吾国固有书目学之载籍、诸家书目、史志艺文志体例,及西洋编目法之著作,将中国旧籍编目诸难点,如考著者、定书名、审版本、纪图卷、示内容等,讨究折衷,以求解决。并详示书名、著者、校者、译者、注者、辑者、标题、分析、丛书、书架、分类等各种目录卡写法。每种附图数幅,表明行款,末附目录卡之印法及编目参考书举要以备编目实际之用。

(3)《图书编目法》 何多源著,广州岭南大学图书馆出版。是书分总论、编目规则、编目方法、目录排叠法、定期刊物编目法、编目用具、图书目录史等七章。其中最重要而篇幅最多者,则为编目规则。如著者、译者、书名、标题、注释者、丛书、分析、参考等卡之编制规则,均分别举例说明,极便参考。

(4)《普通图书编目法》 黄星辉著,民国二十三年武昌文华图书馆学专科学校出版,一册,定价八角。是书所论均为卡片目录之编法,分正卡副卡及其他特殊事项之如何编写等三章。共分三百九十一条,举例之卡,共三百八十四种。实为各编目法书籍中之最详尽者。

(5)《简明编目法》 沈祖荣译,武昌文华公书林出版,一册,定价八角。是书所论编目法则,简要明晰,颇便参阅。

(6)《中文图书编目条例草案》 刘国钧著,载在《图书馆学季刊》第三卷第四期。分上下两编。上编述著录之事项,下编述目片之格式。于编目体例,颇多阐发,叙述复详尽明晰,国内各图书馆对于中文书之编目,多奉为圭臬焉。

(7)《国立中央大学图书馆暂行中文编目规则》 曾载于《学觚》第一卷第五第六各期中。分通则、书名、著者、出版项、稽核事项、附注、互见及别出、目片之格式等八项。共二百十六条,目片举例,凡二十六种。

(8)《交通大学圕编目规则》 民国二十一年九月由该校图书馆编订。分著者、书名、类名、版次、出版、篇幅、附注等八章,末附中西文标准卡样及编目参考书。此规则对于中西文书之编目,均可适用。

(9)《国立北平图书馆排印卡片目录》 国立北平图书馆编印,发售预约,由该馆分批邮递。是项卡片,系为书名卡,凡最近出版之中文图书,大多数经该馆编目,足供参考。

第四节 查考书籍内容

书籍内容,编目者亦须了悉,因分类标题等手续,均须先探知内容而后始可着手。且不仅此也,有时目录上须将某书之内容作数句简括语以提示阅者,故关于查考内容之书籍,亦须择其重要者,备供参考,兹举数种如下:

(1)《郡斋读书志》 宋晁公武著。此书有衢本袁本之别:衢本二十卷,收书一千四百六十一部;袁本卷一至卷四收书一千三十三部,摘自衢本之后志四百三十五部,共一千四百六十八部,分经史子集四部,各有解题及著者略例,每类之前,并有小序。

(2)《直斋书录解题》 二十二卷,宋陈振孙著。是书将历代典籍分为五十三类,虽未标经史子集之名,实依四部次其先后。每书下对于卷数、著者略历及书之得失,均作简要之著录,与《晁志》并称。吾国历来各种解题书籍,均不出晁、陈二书之范围。

(3)《经义考》 三百卷,清朱彝尊著。是书将历来经学书籍分二十九门。每一书前列撰人姓氏、书名、卷数,次列存、阙、佚、未见字,次列原书序跋及诸儒论说,朱氏有所考证者,即附列案语于末,为自来考证经籍最严谨之工作。

(4)《四库全书总目提要》 二百卷,清纪昀等奉敕编。是书分经、史、子、集四部:经部分十类,史部分十五类,子部分十四类,集部分五类。每书先注卷数及某家藏本,次各为提要。提要中先叙著者之姓名及爵里,次考本书得失,其他如文字之增删,篇帙之分合,亦均详加考订。

（5）《四库全书简明目录》　三十卷,清纪昀等奉敕编。是书就《四库全书总目提要》删繁扼要,将各书原委、著者、爵里,略为说明。

（6）《四库未收书目提要》,一名《揅经室外集》　五卷,清阮元著。是书所收书籍,凡一百七十五种。每种仿《四库提要》体例,各为提要,实为补四库全书总目提要之遗。

（7）《抱经楼藏书志》　六十四卷,清沈德寿著。是书所载者,均为清代之精刊,习见之书,概不录入。每书下注明何朝刊本,或某人钞本,并载各书序跋。实有裨益于考查图书之内容以及刊刻年代等。

（8）《艺风堂藏书记》　八卷,《续记》八卷,清缪荃孙著。是书所收之书,每书尽录其题跋,印记,有《四库》未著作者,略举其著者仕历及书之内容。

（9）《新学书目提要》　四卷,通雅斋同人编。清光绪二十九年上海望平街通雅书局出版,四册,定价一元。是书分政治、经济、文学、史地等门,均为清季所出版者。每书并将其内容提要。

（10）《四库大辞典》　杨家骆编,民国二十一年九月南京东瓜市中国图书大辞典馆出版,二册,定价二十四元。是书以《四库全书总目提要》之书名及著者依四角号码排列。书名条下作提要,并注明版本,及总目原书中之类次。著者条下,详列其所著书名、传记、参考书籍。

（11）《图书年鉴》　杨家骆编,民国二十二年七月南京东瓜市中国图书大辞典馆出版,二册,定价十二元。是书分上下二册:上册为《中国图书事业志》,共分四编:第一编为《中国图书大辞典述略》,第二编为《图书事业法令汇编》,第三编为《全国图书馆概况》,第四编为《全国新出版家一览》。下册为《新出版图书总目提要》,分总类、哲学、语文学、文学论著、创作文字、翻译文学、艺术论著、教育、自然科学、应用技术、社会科学、经济政治、法律、历史、

173

地理等十四类。

(12)《四部备要书目提要》 中华书局编,民国二十五年六月上海中华书局出版。四册,定价一元八角。是书系将《四部备要》所收之书,提示其卷数、著者、小传及书之内容。

第五节 查考版本

古书版本,极为繁复,何者为宋椠,何者为元刻,何者为明、清刊本,均须详查各家藏书志细心核对,方可断定。是项藏书志,历来刊行者种类甚多,兹举其重要并有关实用者数种如下:

(1)《读书敏求记》 四卷,清钱曾著,是书所录书籍凡六百种,分经、史、子、集四部,共四十类,专记宋版元钞及书之次第完阙古今不同。

(2)《天禄琳琅书目前编》 十卷,清于敏中等奉敕编。是书所录约四百部,均为清宫昭仁殿所藏。乾隆九年,敕检内廷秘笈全书,编排以版本为纲,类别为目,每书先举卷数、著者,次考证其刊刻时地,以及收藏姓名印记等。

(3)《天禄琳琅书目后编》 二十卷,清彭元瑞等编。是书所录共六百六十三部,其记载事项,略同于前编。

(4)《天一阁书目》 十卷,附碑目一卷,清范懋柱等编。阮元因是书庞杂无次序,手订体例,重编书目,属知鄞县事张许给以笔札,并修录其序跋及收藏家题识印记,以资考证。

(5)《皕宋楼藏书志》 一百二十卷,《续志》四卷,清陆心源著。是书专录旧椠及旧钞之流传罕见者。所录凡宋刊二百余种,元刊四百余种,其行款缺笔,悉为记载。名人题识,校雠年月,收藏姓氏印记等,亦均著录。对于《四库》未收之书,则附以题解,并载诸书序跋。

（6）《四库简明目录标注》　二十卷,清邵懿辰著。是书在分别本之存佚与夫版本之善否。

（7）《邵亭知见传本书目》　十六卷,清莫友芝著。是书所录大抵与《四库简目》相同。此外略有《四库》存目及《四库》未收者,每书下分举卷数、著者及各种版本等。

（8）《宋元旧本书经眼录》　三卷,《附录》二卷,清莫友芝著。是书所录宋、元、明善本及旧钞本共一百三十种。其中著录,颇不一律,或解题,或椠钞精否,或行格,或录其序跋及收藏印记。

（9）《持静斋藏书纪要》　二卷,清丁日昌藏,莫友芝著。是书分类体例与《天禄琳琅书目》相同。每书详载卷数、著者、叶数、行款、版本,并注明《四库》曾否收入。

（10）《滂喜斋藏书记》　清潘祖荫著,是书所录宋本五十八种,元、明以下刻本五十二种,朝鲜、日本刻本十四种,钞本六种。每书各载卷数、册数、著者、行款、题跋、印记等项。

（11）《百宋一廛书录》　一卷,清黄丕烈著。是书所录,为黄氏所藏之百种宋刻本。

（12）《士礼居藏书题跋记》　六卷,续记二卷,清黄丕烈著。是书专记宋、元版本之行款及新旧钞之异同。

（13）《善本书室藏书志》　四十卷,清丁丙著,是书所录,均钱塘丁氏八千卷楼所藏者,关于明人著述及乡先辈之丛残,收罗较他家为富。

（14）《八千卷楼书目》　二十卷,丁仁著。是书所录诸书,对于版本不同者,俱载之。并举出某书为某丛书本。

（15）《铁琴铜剑楼书目》　二十四卷,清瞿镛著。是书所录。均为宋、元、明刊本及旧钞本。分经、史、子、集四部。每书先列卷数、著者、版本,次详其行款,别其异同,间有录原书序跋以示内容者。

（16）《楹书隅录》　五卷,《续编》四卷,清杨绍和著。是书所录,均为宋、金、元、明校本及钞本之书,俱为海源阁所藏者。其排列依《四库》法,共一百七十种。

(17)《海源阁宋元秘本书目》 杨保彝编,山东省立图书馆出版,一册,定价一元。是书所录宋、元、明善本及精钞本,共四百五十五部。每书载明卷数、著者、版本、册数等项。

(18)《经籍访古志》 六卷,《补遗》二卷。日本全善森三之合著。是书体例,仿《天禄琳琅书目》所录,皆宋、元旧椠,亦有吾国已佚之本,医书尤多。

(19)《日本访书志》 十六卷,清杨守敬著。凡日本习见而吾国罕有者,以及日本旧刻而未流入吾国者,均采入。对于《经籍访古志》所遗之书,录入尤多。

(20)《郋园读书志》 十六卷,叶德辉著。叶氏不读无用之书,收藏四十年,于宋、元、明版外,尤好清朝诸儒家塾精校精刊之本,是书即为其所藏书籍之题识。大抵体近述古敏求记,较多考证之资;例本《甘泉杂记》,兼寓抉择之意。远追晁、陈二家志录之流别,近补纪、阮二氏提要之阙书,是固合考订、校雠、收藏、赏鉴为一家言,非寻常书志所可同日语也。

(21)《书林清话》 十卷,叶德辉著。是书详述刻书源流及校勘掌故,正确精当,实为研究版本学与校雠学必读之书。

(22)《书林余话》 二卷,叶德辉著。是书所录,均为宋、元、明人及近今诸儒说部笔记涉于刻书之事者,实有裨于版刻之掌故。

(23)《双鉴楼善本书目》 四卷,《续记》二卷,傅增湘著。书目四卷,仅于书名下,注明卷数、著者、刊本等,并无题识。《续记》二卷,则兼载行格、序跋、题识以及收藏印记、版本源流、文字异同等。

(24)《藏园群书题记》 四集,傅增湘著。是书于各书名下,除载其卷数、著者、刊本外,并将校阅所及,文字异同,详为题识。

(25)《藏园群书题记续集》 六卷,傅增湘著。是书著录与前书略同,盖并目录、版本、校雠三者混为著录也。实可供治目录学及校雠学之参考,非仅供查考版本而已。

(26)《贩书偶记》 二十卷,孙殿起著。是书所录,均为《四库全书总目提要》所未收者。如《四库提要》所载,或因卷数不同,亦录入。每书下注明卷数、著者姓氏及爵里、刊刻年代等。

(27)《宋元书影》 上海有正书局编印,四册。是书所影印之宋、元刊本,约一百数十种,系节影每书一二叶汇集成书。

(28)《故宫善本书影》 张允亮等编。民国十八年北平故宫博物院图书馆影印,定价五元。其所影印者,均系宋、元旧椠,足供鉴别古书者之参考。

(29)《国立北平图书馆善本书目》 四卷,赵万里著,民国二十二年该馆出版,四册,定价四元。是书所录宋、元、明善本及精钞本,凡三千七百九十六部,均为该馆所藏者。每书详载卷数、著者、刊本等项。

(30)《国立北平图书馆善本书目乙编》 四卷,赵孝孟著,民国二十四年十二月该馆出版,一册,定价一元。是书专录清代刊本钞本之流传至罕者,计二千六百六十六种,体例与前书同。

(31)《浙江省立图书馆善本书目甲编》 四卷,民国二十五年该馆编印,一册,定价一元。是书系将该馆所藏宋、元、明旧刊,及明代稿本、钞本、清初精刻本等择要录入。每书名下注明卷数、著者、刊本、册数等项,间有著录其收藏印记、题跋、批校等。

(32)《中国雕板源流考》 孙毓修著,民国七年五月上海商务印书馆出版,一册,定价二角五分。是书述中国雕板源流,颇为简要。类分为雕板之始、官本、家塾本、坊刻本、活字印书法、刻印书籍工价、纸、装订等。

(33)《中国书史》 陈彬龢与查猛济合编,民国二十年九月上海商务印书馆出版。是书划分时代,述吾国图书之沿革。最初为商、周之竹简,次为秦至五代之卷轴及雕版之发轫,再次为宋、元、明、清各代之刊刻书籍及藏书。

(34)《中国印刷术源流史》 T. F. Carter 刘麟生译,民国二十五年上海商务印书馆出版。是书共分四编:一为《中国印刷术之背景》;二为《中国雕版印刷》;三为《雕版印刷术之西播》;四为《活字术之发明》。所述中国印刷沿革,颇为详尽。

(35)《版本名称释略》 李文裿著,载在中华图书馆协会出版之《图书馆学季刊》五卷一期。是篇所载各种版本名称,多至七十余种,分类说明,极为详确。

第六节 查考禁伪书籍

禁书即为被禁毁之书,伪书即为假托他人所著之书。关于此等书籍,编目时亦须详为查考,以便著录,惟此等书籍历来所著不多,兹举其常见数种如下。

(1)《清代禁书总目四种》 是书所录之书,系清乾隆时强迫人民缴呈官府,加以全部禁毁或抽毁其一部。分《禁书总目》、《全毁书目》、《抽毁书目》、《违碍书目》四种。

(2)《馆藏清代禁书述略》 曾载在《江苏省立国学图书馆第四第五》各《年刊》,系将该馆所藏之清代禁书注明其著者略历,并摘示书之内容。

(3)《郑堂读书记》 清周中孚著,有《吴兴丛书》本,吴兴刘氏嘉业堂单行本。是书考订古书之真伪,并评论古书之得失。

(4)《重考古今伪书考》 三卷,清姚际恒著,民国顾实重考。民国十五年七月上海大东书局出版一册,定价五角。《古今伪书考》本为姚际恒所著,所录伪书,分经、史、子三类。每书均有考证,惟间有被前人之说所愚,以不伪为伪者,顾实因为之重考。每书先引姚说,次附重考,诚为研考伪书必读之书。

(5)《古书真伪及其年代》 三卷,梁启超著,《饮冰室专集》一百四(即《饮冰室专集》第廿四册。)民国二十五年四月上海中华书局出版。是书为任公先生在燕京大学任教授时所讲。第一卷为总论,共分五章,系述辨别及考证年代之必要以及伪书之种类及来历,并述辨伪及考证年代之方法。第二第三卷为分论,系分别辩论古书之真伪及年代问题,惜分论只叙及经部,自子部后,均未续完。

(6)《伪书通考》 张心澂著,民国二十八年七月上海商务印书馆出版,二册,定价八元。是书综合古今各说,为有系统组织的辨伪之作,先之以总纲,详论伪书之程度、伪书之来历、作伪之原因、伪书之发现、辨伪律以及辨伪方法与手续等等,次分经、史、子、集、道藏、佛藏六部,每部分若干类,每类中以所辨之书为纲,以各家之书为目,凡各书全部或其一部分为伪或在疑似之间者,均载入。将古今对于辨伪之说,一一俱列,并注明出处,所采伪书,凡一千余部。吾人欲考某书真伪,不难于是书检得。

第七节　查考方志

方志之编目,与普通书略有分别。故须多参阅各家方志专目以资著录。惟是项目录,自来所著甚罕,及至近代,方志极为学者所重视,各图书馆以及各专家,始专就方志一项,详为著录。兹就其所知者,略举数种如下:

(1)《方志考稿》(甲集) 瞿兑之著,民国十九年著者自印,三册,定价四元。是书所录方志约六百余种,包含冀、鲁、豫、晋、苏及东三省等省份各志,均有提要,足供参考。

(2)《中国地方志综录》 朱士嘉著,民国二十四年五月上海商务印书馆出版,三册,定价二元八角。是书所录方志,凡五千八百三十二种。系根据国内外公私立图书馆以及各私家收藏之中国地方志编辑成书,间有散见于各丛书中者,亦一并收录。其排列次序,概依地方区域,每书注明其纂修者、卷数、纂修时期、版本、藏书者、备注等项。

(3)《中国地方志备征录》 朱士嘉编,民国二十年十月燕京大学图书馆出版,一册,定价四角。是书系根据国内外公私立图书馆、各丛书、各私人之搜藏中国地方志目编成。至民国十九年六月止,所收凡四千九百十二种。其名称次第除行省略有变更外,悉仍《清一统志》。

(4)《国立北平图书馆方志目录》 谭其骧编,民国二十二年五月国立北平图书馆刊行。是书共收方志凡五千二百余部。分省、府、州、厅、县排列,省之次第,依今制。府、厅、州、县之次第,依清末制。一地有数种者,依时代分先后。

(5)《国立武汉大学图书馆方志目录》 民国二十五年六月武昌国立武汉大学图书馆编印。是书所录方志,共一千四百余部。

第八节 查考丛书

丛书与普通单本书之编目不同,编目时,对于各家丛书目录,须加以参考。且丛书不仅供编目时之参考,亦可供选购时之参考,因某丛书之子目,究系完璧或残缺,均可查阅丛书目录而知也。兹举其较重要者,述如下。

(1)《汇刻书目初编》 清顾修编,据其自序谓:"宋元以来,好聚诸家之书,都为一帙,其亦中经四库之具体而微者。然簿录往往仅据全书而不暇胪列子目,中既各自成卷,即有阙佚,何从而知之"云云。是书即为补救上述之弊,系将各汇刻书之子目,依次胪列,使阅者得知该汇刻共有某几种书收入。

(2)《行素堂目睹书录》 清朱记荣编。是书以天干为次,分为十册。系增辑顾氏《汇刻书目》所未收者。其自序谓："依顾氏汇刻之例,采访数载,编成十册,均经目睹,并及借钞成帙之书,名曰《目睹书录》"云云。

(3)《续汇刻书目》 罗振玉编。顾氏《汇刻书目》刊于嘉庆己未,后此所刻,不能及焉。至光绪初叶,塘栖朱氏始为之增修,视原书几及倍,于是朱书行而顾书废。罗氏距朱氏之增修,又三十年。当时刻书之风,尤盛于咸、同以前。罗氏因就大云书库所藏为之补录,凡得三百余种。间有所缺,则假之缪氏艺风堂补之。

(4)《续补汇刻书目》 三十卷,刘声木编,《直介堂丛书》本。是书所录之丛书,共一千五百八十余种。均为上列顾、傅、罗各书目所未采者。各种丛书名后,注明其编者、刊本、及子目等。

(5)《再续补汇刻书目》十六卷,《三续汇刻书目》十五卷 刘声木编,《直介堂丛书》本。此二书均为刘氏再续前目而作。其搜辑之富,于此可见。然其中不免有滥收之弊,如吴士鉴《晋书斠记》,麟庆《鸿雪因缘图记》等书,均与丛书性质不同也。

(6)《丛书书目汇编》 沈乾一编,民国十七年上海医学书局出版,四册,定价六元。是书所录丛书,约二千余种。其排列依丛书书名笔画多少为次序,依笔画检查,颇便。每丛书名后,列编者版本及其所收书等项。是书采录极为广博,然其中有非纯粹丛书者,如总集别集及其他普通书等,亦一律收入,未免淆杂。

(7)《丛书目录拾遗》 孙殿起编,民国二十三年北平通学斋刊行,四册,定价四元五角。是书所录之丛书,均为傅氏《续汇刻书目》及沈氏《丛书书目汇编》等书所未收者。依四部分类。间有录及旧钞本而未梓行者。

(8)《丛书大辞典》 杨家骆编,民国二十五年南京东瓜市中国图书大辞典馆刊行,二册,定价二十元。是书所录丛书,凡六千种。将各丛书书名、编者及其子目之书名、著者,各立一条,照四角号码排列。

(9)《丛书子目书名索引》 施廷镛编,民国二十五年三月北平国立清华大学图书馆刊行,一册,定价精装四元五角。是书所录,以清华大学图书馆所有者为限,共一千二百七十五种,每种丛书之子目,其关于书名者,概依笔画多寡排列。书名下注明卷数、著者、及所属之丛书。一书而兼属数种丛书者,则将所属丛书名称,一一注明,颇便检查。

(10)《丛书子目索引》(增订本) 金步瀛编,民国二十四年九月开明书店出版,一册,定价二元。是书所录,均为浙江省立图书馆所藏者,共约四百种。其编法及排列,略同于施编之《丛书子目书名索引》。

(11)《丛书子目备检》:《著者之部》 曹祖彬编,民国二十四年一月金陵大学图书馆刊行,一册,定价一元四角(道林纸本。)是书所录,均为金陵大学图书馆所藏者,共三百六十余种。将丛书子目著者之部,依姓名笔画编成索引,极便于检索著者之用。

第九节 查考著作人姓氏

著作人有时须查其字号、籍贯、略历以便著录,故对于查考人名之书籍,亦须备置数种。兹举其较重要者如下:

(1)《万姓统谱》 明凌迪知编。是书排列,依韵目为次,每韵内常见之姓字列前,罕见之姓氏列后,同一姓氏中,则依朝代先后为次。

(2)《史姓韵编》 清汪辉祖编,是书排列亦依韵目为次,系《廿四史》人名之索引。

(3)《中外人名辞典》 刘范猷等编,民国二十九年三月中华书局出版,一册,定价六元。是书所收中外人名,上起太古,下迄今代,凡为历史上,各种学术技艺上,以及宗教上之有名人物,一例采辑。凡属我国群经诸子所载,流俗所传之各类人物,亦广为搜罗,择要采入。其排列以笔画多寡为序,再按字典部首排列。末更附有中国历朝帝王纪元表,中国人名别号录,西文人名索引,五笔检字法索引等。

(4)《中国人名大辞典》 陆尔奎、方宾观等编,民国十年六月上海商务印书馆出版,一册,定价八元。是书所录人名,约四万余,起于上古,断于清代,凡自显宦以至佣夫屠沽,无论贤奸,均加采录。惟清代人名,因彼时《清史稿》未修竣,不免多有遗漏。其排列依姓名笔画多寡为序,惟同画之字,如十一画等,多至一百三十余字;同字之姓,如王字等,又多至一千八百余条,检阅时颇感不便。商务印书馆为补救是弊,特编一《中国人名大辞典索引》,于民国二十五年出版,以便检查。

(5)《古今同姓名大辞典》 彭作桢编,民国二十五年三月北平好望书店代售,一册,定价四元四角。是书所录人名约五万六千七百人,起于上古,迄于民国。其排列以姓名笔画为次。每人注明其籍贯、字号及简历,并注明所引之书名。

(6)《廿四史传目引得》 梁启雄编,民国二十五年十二月中华书局出版,定价一元五角。是书范围,以《二十四史》列传中之正附传为限,分正编及类编二大部正编以人为本位,按姓名笔画多寡分先后。类编有列女、后妃、宗室诸王公主、释氏、外记、杂目、丛传八类。内容视《史姓韵编》为简,然寻检则过之。

(7)《二十五史人名索引》 二十五史编纂委员会编,民国二十四年十二月上海开明书店出版,一册,定价一元。是书较汪辉祖之《史姓韵编》为完备,专备检查开明出版之《二十五史》人名之用,但亦可适用于旧本《十七史》、《二十一史》、《二十四史》与《新元史》等。人名排列,依四角号码。

(8)《世界人名大辞典》 潘念之与金溟若合编,民国二十五年十二月上海世界书局出版,一册,定价二元八角。是书排列,依各人字母为次。所录世界人名,以对于社会文化有重大影响者为标准。

(9)《现代外国人名大辞典》 唐敬杲主编,民国二十二年九月上海商务印书馆出版,一册,定价四元。是书所录世界名人,约五千余人,包含一百三十余类。其采选范围,以现存人物为限。惟对于殁世未久之伟大人物,亦被采入。其排列,依人名原名字母为次。

(10)《思想家大辞典》 潘念之与张采苓合编,民国二十三年七月上海世界书局出版,一册,定价三元。是书所录,凡中外古今思想家三千余人。依姓名笔画多寡排列。

(11)《当代国际名人传》 葛乔编,民国二十五年七月上海三江书店出版,一册,定价一元。是书所录约九十余人,均为当代国际名人。每人附注小传,并列其照片。

第十节 查考别名及室名

著作人往往署用别名或笔名,编目时应查出其正式姓名以便登录。至古书之刊刻者,往往用斋堂名称,是亦须查出其斋堂所属之主人姓名,以资注明。兹将关于查考别名及室名之书籍就其所知者,略举数种如下:

(1)《历代名臣谥号汇考》 十七卷,清刘长华著。是书所录,均为自汉至明之名臣、宗室、外戚、外藩等谥号。首列谥解以解释各种谥号之意义,次列谥字,次列累代姓名,极便检查。至其他如帝王、后妃、公主等谥,均不录入,因有《通纪》,《通考》等书可查也。

(2)《清谥法考》 六卷,雷廷寿编,民国北平直隶书局代售,二册,定价一元。是书系根据王文简《谥法考》,石琢堂《谥法考》,

赵云门《谥法考》,鲍氏《皇朝谥法考》,徐氏《续谥法考》,潘文恭《易名录》等书,并旁采材料汇辑而成。有清一代之谥名,胥会于是。

(3)《别号索引》 陈乃乾编,民国二十五年上海开明书店出版,一册,定价一元。是书所录名人别号,共五千余条。于其别名下,注明朝代姓名籍贯等。如只知其别号而不知其姓名者,检是书即得知该别号为何人。是书复于民国三十二年经由著者增订,书后附有补遗十六面。

(4)《现代中国作家别名录》 袁涌进编,民国二十五年北平中华图书馆协会刊行,一册,定价一元。近年新出版物尤其是文学著作,每多用笔名而隐匿其正式姓名者,是书考得其正式姓名者,约五百五十余人,注明其别号笔名,书后更附笔名索引,极便检查正式姓名之用。

(5)《古今人物别名索引》 陈德芸编,民国二十六年广州岭南大学图书馆出版,一册,定价精装六元。是书所录古今名人,约四万余;所采别名,约六万余。凡别号、别字、原名、谥号、斋室名、疑误名、尊称名号、帝王庙号、书画家题识,文学家笔名等,均加记载。又关于一人误作两人,或两人误作一人之名号,亦多有更正者。

(6)《室名索引》 陈乃乾编,民国二十三年六月上海开明书店增订本,一册,定价一元四角。是书所录室名,约五千余条,依笔画多寡排列。每条注明其姓名、时代、籍贯等。欲知某室、某楼、某斋、某舍、某轩、某某山房为何人,检是书即知。

(7)《室名索引拾补》 毛春翔编,载在民国二十四年二月《浙江省立图书馆馆刊》四卷一期中。是篇所录室名,约二百余。依笔画多寡排列。系补陈氏《室名索引》所遗。

第十一节　查考名人生卒年代

编目时对于著作人须查出生卒年代以资著录,惟历来仅有年谱及疑年录等书较便查考。迄乎晚近,对于是项书籍陆续有数种发表,兹举其较重要者如下:

(1)《历代帝王年表》　十四卷,清齐召南编,阮福续,日本山根译补。昭和二年日本东京支那事情社发行。

(2)《历代人名年谱》　清吴荣光著,民国十九年四月上海商务印书馆出版,一册,定价一元一角。是书所录,起自汉高祖元年,迄于清道光二十三年,每年纪载干支、国号、帝号、帝名、陵名、及偏安帝号、时事,名人生卒等项,实可供检查历朝大事及历朝名人生卒之用。

(3)《疑年录汇编》　十六卷,《人表》一卷,张惟骧辑,民国十四年张氏小双寂庵刊本,上海来青阁书庄代售,八册,定价八元。是书所录,共三千九百二十八人。系将钱大昕《疑年录》,吴修《续疑年录》、钱椒《补疑年录》、陆心源《三续疑年录》、张鸣珂《疑年赓录》、闵尔昌《五续疑年录》诸书,汇集而成。复为之补阙,正误,析其歧异,序其颠倒。每叶分四横格,分载年齿、原编、原注、附注等四项,颇便检查。

(4)《历代名人生卒录》　钱保塘编,海宁钱氏清风室刊本,北平大同书店代售,八册,定价十六元。是书所录,起自上古,迄于光绪二十年,所收人名,远较《疑年录》为多,可供查考。惟排列无一定标准,生卒年月,亦多半不足为凭。

(5)《历代名人生卒年表》　梁廷灿编,民国十九年十月上海商务印书馆出版,一册,定价二元。是书上自孔子以迄最近,凡稍有著述行事足为世人所观感,而生卒见于载籍者,靡不录入,凡五千人。各人依生卒时代之先后排列,每人载其姓名、字号、籍贯、生卒年(用公元)、岁数等。是书系将钱大昕《疑年录》、吴修《续录》、钱椒《补录》、陆心源《三续录》、张鸣珂《赓录》、及张惟骧《汇编》所增补者,尽行收录。书后附有帝王、闺秀、高僧三表。

(6)《历代名人生卒年表补》 陶雄与于土容合编,载在《江苏省立国学图书馆第九年刊》,是表所录,均为梁廷灿《历代名人生卒年表》所未收入者,共二千六百余人。梁《表》有误者,为之订正。又最近逝世之名人,如胡汉民、章炳麟等,亦酌量收入。

(7)《历代名人生卒年表补遗》 金涛编,载在《国风月刊》第七卷第一期。是表亦为补梁《表》所遗者,所收名人,约百余人。

(8)《历代名人年里碑传总表》 姜亮夫编,民国二十六年上海商务印书馆出版,一册,定价三元。是书所录,较梁廷灿之《历代名人生卒年表》及钱、吴等氏之《疑年录》为多,总计一万二千余人。每人列姓名、字号、籍贯、年岁以及生卒年代等。其排列依时代为次序。末附帝王、闺秀、释道三表。

第十二节　查考时代及大事

书籍有时须查考其时代以便登录,又古书之著作及刊刻年代,往往以干支称者,亦须查出其朝代,而以干支附于某朝代之后。是项书籍之最重要者,约有下列数种:

(1)《历代纪事年表》 一百卷,清王之福等奉敕撰,是书所载事迹,起自唐尧,迄于元顺帝,凡三千七百二十五年。编年系月,条列其大事,经纬交贯,始末兼赅,提要钩玄,为用甚广。

(2)《二十史朔闰表》 陈垣编,民国十四年励耘书屋刊本,北平直隶书局代售,一册,定价三元。是书系将自汉迄清二十史各依本历,著其朔闰,自汉元始元年起,加入西历;自唐武德五年起,加入回历。

(3)《中西回史日历》 二十卷,陈垣编,民国十七年国立北京大学研究所刊行,北平直隶书局代售,五册,定价十六元。是书所录年代,起自汉平帝元始元年,迄民国二十九年。每页分上下层;上层为西历纪年、甲子纪年、回历纪年,以及中国历代纪元;下层纪载中、西、回历之日月,实为考查古今中外年月日最详备之书籍。

(4)《纪元通谱》 中襄哉与夏云奇合编,民国二十二年六月上海中华书局出版,一册,定价四元。是书依年表编纂,起自黄帝元年,迄于民国二十四年,不载事实,并留空位以便研究学术者填用。每年注明民元、公元、干支、帝号、年号等项,纪年之书,当以此为最便应用。

(5)《中国大事年表》 陈庆祺编,民国二十三年九月上海商务印书馆出版,一册,定价一元一角。是书所录中国大事,起于黄帝元年,迄于民国二十一年。每年纪载民元、公元、君主纪元以及大事等项。

(6)《中国历代年号索引》 汪宏声编,民国二十五年九月上海开明书店出版,一册,定价三角。是书所录年号,起于汉武建元,迄于清末宣统。分上下两编:上编系从年号查君主、及年代包含朝代、列国君主、年数、民元前及公元之起迄年期;下编则从朝代君主查年号,内容与上编同。

(7)《二十世纪阴阳合历》 民国十三年一月上海中华书局编印,一册,定价八角。是书对于查考阴阳历之对照极便。自民国前十一年(公元一九〇一)至民国八十九年(公元二〇〇〇)止,每月每日,均有阴阳历对照表。

(8)《阴阳历对照表》 寿孝天编,民国元年上海商务印书馆出版,一册,定价一角。是书对于阴阳历对照年份,共有二百五十七年。民国纪元前一年,以阴历为纲,对照阳历;民国元年后,以阳历为纲,对照阴历。

第十三节　查考地名

编目时对于著者之籍贯，或书中有关于地名之处，均须详为查考，以求著录之翔实。故关于查地名之书籍，亦宜多备，以资参考。兹举其较重要者如下：

(1)《中国地名大辞典》　刘钧仁编，民国十九年八月北平国立北平研究院印行，一册，定价十五元。是书所录地名，约二万余条，只录郡县、城镇、堡塞等地名，对于山川名则未录入。依《康熙字典》部首排列。

(2)《中国古今地名大辞典》　臧励龢等编，民国二十年五月上海商务印书馆出版，一册，定价八元。是书所录地名，约四万余条。凡省、府、郡县以至镇堡、山川、名城、要塞、商港、铁路均加采录。其排列依笔画多寡为次序。

(3)《中华民国省县地名三汇》　李炳卫等编，民国二十四年八月北平民社出版，一册，定价二元四角。是书系将全国各省市县地方、部盟、旗族……等之度数、疆界、沿革等分别录入。其排列依各省所属地方区域为次序。

(4)《近六十年全国郡县增建志要》　二卷，吴承湜编，民国二十五年十一月北平翠花胡同九号刊行，一册，定价五角。是书所录，均为我国六十年来新建郡县之沿革境界等项。其排列以清代行政区域为次。

(5)《实用中国地名检查表》　葛启扬编，民国二十三年三月北平人文书店代售，一册，定价七角。是书所录地名，除县名外，凡形势险要、商业繁盛、物产丰富等地，均加采录。其排列以首字笔画多寡为次。

(6)《最新中外地名辞典》　葛绥成编著，民国三十年二月上海中华书局出版,一册,定价十二元。是书所录中外地名,自洲名、国名、都会以至商埠、市镇、名山、大川、矿区、铁路等等,靡不收入。其范围以现代为主,惟对于近代沿革建置,如本国地名自元、明、清以来之州、府、道、县等,以及外国历史上之重要地,亦均加叙述。其排列依笔画多寡为次。书后附有《西中地名对照索引》、《英译中国重要地名表》、《中国行政区域表》、《中国省市区面积人口表》、《中国商埠表》、《世界各洲面积人口表》、《世界各国面积人口表》以及彩色地图多幅,实为查考中外地名必备之书。

(7)《最近中外地名更置录》 葛绥成编,民国二十一年著者自刊,上海开明书店代售,一册,定价八角。是书对于近来地名之更置者,收罗极富,颇便参考。

(8)《外国地名人名辞典》 新学会社编译,民国十五年上海该社出版,一册,定价二元。是书系根据日本板本健一《外国地名人名辞典》编译,每地名下,详载其位置、历史状况、经纬度、名人事迹等。其排列依英文字母为次。

(9)《标准汉译外国人名地名表》 余祥森等原编,何炳松等改编。民国二十三年十月上海商务印书馆增订版,一册,定价一元六角。是书所录,均为世界各国之重要人名地名。其译名除最通用如伦敦、拿破仑等外,概用新译名。其译音系根据 Century Encyclopaedia Proper Names 一书,大致妥善,诚为便于译述界之书籍。但译音过于不迁就向来习惯,如改"剑桥"为"开姆布利治",于应用上颇感不便。又取材太旧,对于近代名人均未收入。